일류의 조건

지은이 사이토 다카시(齋藤 孝)

1960년 일본 시즈오카에서 태어나 도쿄대학교 법학부를 졸업했다. 졸업 후 동 대학원인 도쿄 대학 대학원 교육학연구과 박사과정을 거쳐 현재 메이지 대학교 문학부 교수로 재직하고 있다. 2001년 출간된 《신체 감각을 되찾다》로 '신초 학예상'을 수상했고, 《소리 내어 읽고 싶은 일본어》는 베스트셀러에 오르며 '마이니치 출판문화상 특별상'을 수상하기도 했다. 주요 저서로는 《욱하는 아이들》, 《질문력》, 《추진력》, 《코멘트력》, 《연애력》, 《독서력》, 《커뮤니케이션 능력》, 《삼색 볼펜 정보 활용술》, 《일하는 마음에 불을 지피다》, 《분노하는 몸》, 《기회 혁명》 등이 있다.

"DEKIRUHITO" HA DOKOGA CHIGAUNOKA by Takashi Saito

Copyright © Takashi Saito, 2001
All rights reserved.
Original Japanese edition published by Chikumashobo Ltd.
Korean translation copyright © 2024 by Feelmbook
This Korean edition published by arrangement with Chikumashobo Ltd., Tokyo,
through The English
Agency (Japan) Ltd. and Danny Hong Agency

일류의 조건

사이토 다카시 지음
정현 옮김

필름○

일러두기

- 도서명 및 정기간행물 등은《 》, 영화 및 공연과 프로그램명, 노래 제목 등은〈 〉로
  표기했습니다.
- 본문에 등장하는 어휘의 사전적 의미는 국내 '표준국어대사전'을 따랐습니다.
- 외국어는 국립국어원에서 정한 외래어 표기법에 따랐습니다.
- 본문의 각주는 모두 옮긴이의 것입니다.

이 책의 세 가지 힘을 습관화하면
인생이 나아집니다

자기계발서의 가장 큰 장점은 많은 시간을 투자하지 않고 한두 가지의 내용만 잘 익혀도 삶의 방법이 달라질 수 있다는 것입니다. 그런 의미에서《일류의 조건》은 권할 만합니다.

이 책의 저자인 사이토 다카시가 제시한 일류의 조건 중 인상적인 부분은 '요약하는 힘'입니다. 요약하는 힘은 "요약하자면"이라는 작은 말 습관 하나지만, 효과적으로 자신의 생각을 전달할 수 있습니다.

만약 대화할 때 상대의 말이 요점 없이 수다스럽기만 하면 어떨까요? 듣는 사람의 입장에서는 지루하고 답답합니다. 말이 길어질수록 이야기가 곁가지로 흘러가면서 설득력마저 떨어지죠. 특히 중요한 회의나 강의에서 이런 상황이 벌어진다면 모두에게 손해라는 것은 불 보듯 뻔한 일입니다.

요약하는 말버릇을 기르면 시간 확보는 물론이고 업의 발전에 큰 도움이 될 것입니다. 저자는 어떤 분야에서든 일류가 되기 위한 조건으로 말과 생각을 하나의 핵심 단어로 표현하는 요약이 중요하다고 내세웁니다.

저도 이 주장에 깊은 감명을 받아 강의를 한 시간 하면 세 번 정도 요약을 합니다. 습관으로 형성되고 나서부터는 평상시에 일반적인 대화를 하거나 통화를 할 때도 사용합니다. 어려울 것도 없이 "내 이야기는 요점이 이렇습니다. 요약하면 이렇습니다."라고 말합니다.

요약해서 말하면 말하는 사람의 생각도 자연스럽게 정리가 되고, 듣는 사람도 쉽게 이해합니다. 목표가 명확하게 드러나서 효율적인 일 처리에 아주 효과적입니다. 인생 자체가 아주 간명해지는 것입니다.

이 책에서 강조하며 또 하나 일류의 조건으로 제시한 것은 '지식을 훔치는 힘'입니다. 최소의 노력으로 책과 사람에게서 양질의 지식을 배우는 방법을 설명합니다. 하지만 학습한 지식이 많아도 핵심 단어로 요약할 수 없으면 즉시 사용하기 힘든 법입니다.

사용하지 않은 지식은 곧 사라지기 때문입니다. 지식을 훔치는 힘과 긴 설명을 요약하는 힘을 함께 사용해야 합니다. 사이토 다카시가 이야기하는 마지막 힘 또한 '추진하는 힘'으로 이 두 가지를 모두 같이 습관으로 만들길 권합니다.

요약하면, 이 책에서는 전문가가 되기 위해서 세 가지 습관을 강조하는데 첫째, 지식을 훔치는 힘. 둘째, 요약하는 힘. 셋째, 추진하는 힘입니다. 날이 갈수록 복잡해지는 사회현상과 넘쳐나는 정보의 홍수 속에서 반드시 요구되는 능력입니다.

매일매일 새로운 정보를 받아들이기 위해서는 자신의 의견과 경험을 비운 후 지식을 훔쳐야 하고, 빠르게 핵심 정보를 파악하며 요약해야 하기 때문입니다. 이 모든 것을 추진하는 힘까지. 이 시대를 살아가는 데 틀림없이 필요한 세 가지 능력입니다.

많은 책을 읽었지만 지금도 제 인생에 작동하는 습관을 만들어준 책을 추천할 수 있어 기쁩니다. 이 책이 담고 있는 핵심적인 메시지는 시간이 흐른 지금까지도 매우 유효합니다. 책은 읽고 그냥 덮으면 안 됩니다. 반드시 삶에 적용하고 백 배 이상의 가치를 누리세요.

《박문호 박사의 뇌과학 공부》저자

박문호

프롤로그

학교는 무엇을 하는 곳인가. 부모는 아이들에게 무엇을 가르쳐야 하는가.

이러한 물음에 선뜻 명확한 대답을 할 수 있는 사람은 그리 많지 않을 것이다. 사회가 빠르게 변하며 심리적 불안에 시달리는 사람들이 늘어나는 상황 속에서 이 물음에 대해 수많은 답변이 나타났다 사라진다.

어느 때보다 '살아가는 힘'이 요구되는 시점이지만, 살아가는 힘이 구체적으로 어떤 것인지에 관한 공통적 인식은 부재하다. 교사의 수업권과 학생의 학습권 논란에 따른 대안으로 '탄력적이고 융통성 있는 교육'을 내세우게 되면서 학교의 역할 자체도 애매해졌다. 그뿐 아니라 부모도

자식에게 무엇을 가르치고 전달해야 할지 갈피를 못 잡고
있다.

내가 생각하는 학교의 주된 역할이란, 아무것도 모르
는 상태의 학생이 무언가에 숙달되기까지의 과정과 원리
를 보편적인 형태로 파악할 수 있도록 도와주는 것이다.
예를 들어, 물구나무서기를 못한다 해도 일상생활에는 아
무런 지장이 없다. 그런데도 물구나무서기를 학교 커리큘
럼에 반영하는 이유는, 무언가에 숙달되기까지의 일반적
인 이치를 단순한 형태로 몸소 깨우치는 데 도움이 되기
때문이다. 스포츠나 예술 활동은 숙달에 이르는 기본 원
리를 몸에 배도록 만드는 데 유용한 도구이며, 결국 '공부'
라는 영역에서 숙달에 이르는 원리와 크게 다르지 않다.

요컨대 부모가 아이들에게 가르치고 전해야 하는 것
은 '숙달에 이르는 보편적 원리'다. 어떤 사회, 어떤 자리에
놓이더라도 그곳에서 숙달의 경지에 이르는 이치를 간파
하여 내 것으로 만들어 나가는 힘. 아이들에게 이 힘을 길
러줄 수 있다면, 부모로서 느끼는 불안감은 상당 부분 덜
게 될 것이다.

어떤 분야에서든 숙달의 경지에 이르는 요령을 한번

터득하면 낯선 일에도 자신감을 가지고 임할 수 있으며, 이는 결국 성공으로 이어진다. 언젠가 반드시 숙달되리라는 확신이 없으면 지루하게 반복되는 연습 기간을 견뎌내지 못하고 쉽게 좌절하고 포기한다. 자신감으로 무장한 사람은 어떠한 활동을 함에도 흔들리지 않는다. 각 활동을 해내는 과정이 숙달의 비결을 터득하는 길이 되어줄 것이라는 확신으로 가득하기 때문이다. 이렇듯 무언가에 숙달되는 보편적 원리와 목적의식을 꾸준히 일깨워주는 것이 부모와 교사의 주된 역할이라 하겠다.

그렇다면 '숙달에 이르는 보편적 원리'란 무엇인가. 물론 이 물음에도 다양한 대답이 존재할 것이다. 내가 생각하는 숙달의 보편적 원리란, 기본기를 다져주는 세 가지 힘을 활용하여 자신만의 스타일을 구축하는 것이다. 이 세 가지 힘이란 '훔치는 힘(모방)', '추진하는 힘(실행력·추진력·기획력)', '요약하는 힘(요약·질문력 포함)'이다. 이 세 가지 힘을 기르고 그것을 활용하는 과정에서 자신에게 적합한 방법을 찾아내고, 자기 경험과 특기를 적절히 조합하여 본인에게 적합한 스타일을 완성하는 것이다. 이것이 내가 생각하는 숙달에 이르는 보편적 원리다.

이 책에서 등장하는 '숙달의 비결'이란 특정 분야에 국한된 것이 아니다. 특정 영역에 통달한 경험을 토대로 전혀 다른 분야에도 주저 없이 도전하고 적용해 보는 것, 그것이 내가 말하는 비결이다.

예를 들어 동아리 활동이나 학과 공부에서 성공 체험을 했더라도, 훗날 본인의 업무에 이 원리를 연결하지 못하는 사람이라면, 그는 숙달의 비결을 터득한 사람이라고 할 수 없다. 반면, 다른 활동에서는 이렇다 할 성공 체험을 하지 못했어도, 일련의 경험을 통해 보편적 원리를 깨치고 다양한 활동에 적용할 수 있는 사람이라면, 그는 숙달의 원리를 몸소 깨닫고 실천하는 사람이라고 할 수 있다.

흔히, 어떤 영역에서 최고의 경지에 이른 사람들은 특정 사실에 대해 공통 인식을 보인다고 한다. 한 분야에서 상당한 수준에 이른 사람은 숙달에 도달하는 보편적 원리를 제대로 터득한 사람이다. 예를 들어, 주변을 둘러보면 무슨 일에든 빨리 숙달되는 사람이 있다. 이러한 사람은 운동 신경이 특별히 뛰어나지 않아도 각종 스포츠에서 평균 이상의 수준까지 빠르게 도달한다. 반대로 무슨 일이든 지지부진해서 끝을 보지 못하고 쉽게 포기하는 사람도 있다.

각자 타고난 재능이 다르기 때문이라고 말하는 사람도 있겠지만, 여기서 주목할 점은 절대적인 재능의 차이가 아니라는 점이다. 타고난 재능의 크기가 저마다 다르다는 사실은 부정할 수 없는 사실이다. 다만, 숙달에 이르는 보편적 원리를 깨치지 못해 자신의 역량을 충분히 발휘하지 못하고 주저앉는 사람들이 안타까울 뿐이다.

당장 내가 대학생들을 상대로 "자신이 생각하는 숙달에 이르는 비결을 서술하시오."라는 과제를 내면, 그런 것까지 생각해 본 적 없다며 당황스러운 반응을 보일 것이다. 수많은 과제와 활동을 해내면서도 그 경험들 속에서 '숙달의 보편적 원리'를 끌어내려는 의식을 갖지 않은 탓이다.

대학 교육뿐 아니라, 초중등 교육 현장의 상황도 크게 다르지 않다. 물구나무서기에 성공하거나 복잡한 수학 문제를 풀어내는 것, 또는 비교과 영역에서 성과를 거두는 것 등의 활동들이 원리를 바탕으로 연계되지 못하고 단편적으로 이루어진다. 다양한 활동들을 큰 틀로 인식하여 그 속에서 숙달의 원리를 끌어내려는 의식 자체가 희박한 것이다. 숙달에 이르는 과정의 첫 단계인 기본기 다지기에 요구되는 세 가지 힘은, 숙달의 보편적 원리를 의식하는 습관들이기에 활용하기 좋은 도구다.

'스포츠 대 공부, 놀이 대 공부, 문과 대 이과, 공부 대 일, 육체노동 대 정신노동'과 같은 이분법적 사고가 어떤 점에서는 편리하지만, 자칫 고정관념으로 자리 잡으면 숙달에 이르는 데 걸림돌이 된다. 나는 이 책을 통해 '살아가는 힘 기르기'와 밀접한 관계에 있는 '보편적 숙달법의 습관화'라는 관점을 제시함으로써, 다분히 위험한 이분법적 사고를 뛰어넘어 숙달의 경지에 이르는 길을 제안하고자 한다.

요약하는 힘 (요약력, 질문력)	언어적 차원	모국어 능력을 연마한다
추진하는 힘	활동적 차원	일상 활동의 장을 넓히고 에너지 넘치는 몸을 만든다
훔치는 힘 (기술이나 방법)	신체적 차원	신체 활동과 상상력을 결합해 기술화하려는 의식을 갖는다

[그림1] 세 가지 힘

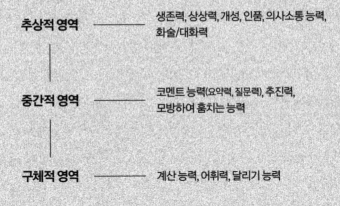

추상적 영역	생존력, 상상력, 개성, 인품, 의사소통 능력, 화술/대화력
중간적 영역	코멘트 능력(요약력, 질문력), 추진력, 모방하여 훔치는 능력
구체적 영역	계산 능력, 어휘력, 달리기 능력

[그림2] 중간 영역으로서의 세 가지 힘

'숙달'의 원동력이 되는 것은 바로 '동경'이다. 동경하는 마음이 없으면 잘하고자 하는 의지가 피어나지 않고, 무언가에 능숙해지는 즐거움 자체를 경험할 수 없다. 데즈카 오사무[1]를 동경한 우라사와 나오키[2]가 〈우주 소년 아톰〉을 리메이크하여 〈플루토〉라는 걸작을 만들어 낸 것

---

1 일본 만화계의 거장. 대표작으로는 〈우주 소년 아톰〉, 〈밀림의 왕자 레오〉 등이 있다.

2 일본의 만화 작가. 국내에서는 〈20세기 소년〉을 통해 이름을 알렸고, 영화적인 연출력으로 확고한 팬층을 갖고 있다.

처럼, 동경하는 마음이 뿌리를 내리면 숙달의 경지에 이르고자 하는 의욕이 자연스럽게 솟아오른다. 다시 말하면 '동경'과 '의지'의 크기가 곧 그 사람이 가진 그릇의 크기를 결정하는 것이다.

그렇다면, '동경'하는 마음을 환기하는 방법은 무엇인가. 어떻게 하면 놀라움과 감동, 충만함이 있는 대상을 만날 수 있는가. 이에 대한 고민이 바로 교육의 근본적인 과제라 하겠다. 무언가를 완전하게 이해해야만 좋아하고 동경하게 되는 것은 아니다. 그 대상이 가진 매력과 강력한 기운에 대한 반응으로 동경하는 마음이 일어나는 것이다. 어떤 대상에게 감탄하거나 이끌리는 자신을 발견했다면, 이미 숙달의 경지로 가는 길에 들어섰다는 의미다.

우연히 만난 매력적인 대상이 가진 힘의 방향과 크기에 자신이 느끼는 동경의 크기가 맞아들어간다. 동경의 대상이 가진 힘과 동경하는 주체가 가진 힘이 반응하는 현상, 곧 '동경'의 힘이야말로 숙달법의 토대로서 보편적 원리를 단단히 지탱해 준다. 아무리 뛰어난 실력을 타고났어도 대상에 대한 동경과 자부심을 상실한 사람에게 매력을 느끼는 사람은 없을 것이다.

동경하는 마음이 자리 잡았는지 아닌지는 대상을 동경하는 마음의 강도에 좌우한다. 기량 면에서는 나보다 뒤떨어지는 사람이라도, 그 사람이 가진 동경의 힘이 강하면 그것이 숙달에 대한 의지를 자극한다. 동경하는 마음의 유무에 따라 우리는 무언가에 심취할 수도, 무심할 수도 있다. 이것이 바로 '동경을 동경하는 관계성'이다. 이 관계성이 숙달법의 모체다.

그러나 '동경'하는 마음으로 꿈만 꾸는 단계에 머물러서는 충만함을 경험할 수 없다. 사소한 것이라도 상관없다. 작지만 소중한 성공 체험의 과정에서 '세 가지 힘'을 키워 다양한 대상이나 상황과 마주했을 때 그 힘을 보란 듯이 발휘하도록 연습하면 된다. 작은 성공 체험을 쌓아나가다 보면, 이 세 가지 힘이 자신만의 기술로 재탄생한다.

이 정도 단계에 이르면 이미 '놀이 대 공부, 공부 대 일' 따위의 구분은 의미가 없어진다. 영역의 차이보다 공통하는 보편적 숙달법의 원리가 먼저 부각하기 때문이다. 이런 의식을 습관화하면 낯선 상황에 맞닥뜨려도 지나치게 겁먹거나 긴장하는 일이 적어진다. 오히려 그 속에 숨어있던 숙달의 원리와 일련의 과정들이 눈에 들어오기 시작한다.

이 책에서 제대로 다루고 싶은 이야기는 모든 것에 통달하는 비법이라기보다 자신에게 잘 맞는 '스타일'을 찾아가는 방법이다. 각기 다른 영역의 활동을 수행하면서도 일관된 방식을 가진 사람이 있다. 당신도 여러 활동 속에서 공통점을 발견하여 자신만의 스타일을 만들어 가기를 바란다. 이러한 발견은 자신에게 엄청난 기쁨으로 다가올 것이다.

이런저런 영역의 수준을 어느 정도 끌어올렸어도, 자신에게 맞는 스타일을 알고 이를 적용하여 얻어낸 성과가 아니라면 기쁨과 성취감은 반감할 수밖에 없다. 반대로 당신에게 꼭 맞는 스타일을 찾았다면 설령 일류가 되지 못하더라도 큰 기쁨을 맛볼 수 있으며, 나아가 향후 인생에서 당신만의 방식을 멋지게 펼칠 수 있을 것이다.

본인이 가장 자신 있는 분야를 인지하고 종합적으로 관리하며 발전시켜 나간다. 이렇게 자신의 특기를 찾고 적절하게 관리하기 위해서는 '스타일'이라는 개념이 선제 되어야 한다. 자신만의 스타일을 확립하는 것은 단순히 무언가에 능숙해진다는 의미를 넘어, 당신의 인생 자체에 큰

의미를 부여할 것이다. 그런 뜻에서, 숙달에 이르는 비결
이란 자신에게 맞는 스타일을 파악하려는 의식을 갖는 것,
그 행위 자체라 말할 수 있다.

자신만의 스타일을 찾게 되면 인생 자체를 긍정할 수
있다. 자신 있는 기술을 연마하고, 스타일을 표현 도구로
삼아, 자신을 드러내며 존재감을 충분히 맛보는 것이다.
결국 '숙달에 이르는 비결'은 당신의 인생을 충만함과 연결
해 줄 일종의 사다리 같은 존재가 될 것이다.

먼저 '기본기를 다져주는 세 가지 힘'을 제시하고, 이
어서 보편적 숙달법의 본질을 '스타일'이라는 키워드를 통
해 구체적으로 살펴보려 한다. 경제 불황으로 자신감을
상실한 사람도 있고, 개성과 창의성이라는 말에 지나친 기
대를 건 나머지 자아를 잃고 헤매는 사람도 있다. 그러나
흔들림 없이 밀고 나감으로써 '세 가지 힘'이 길러지면, 당
신을 괴롭히는 많은 어려움을 극복하는 디딤돌이 되어줄
것이다.

차례

제1장 │ 아이들에게 물려줄 '세 가지의 힘'

제2장 | 스포츠로 두뇌를 단련하라

제3장 | '동경'을 동경하는 마음

제4장 | 숙달론의 기본서《쓰레즈레구사》

제5장 | 신체 감각을 기술화하라

제6장 | 무라카미 하루키의 스타일 만들기

제1장

아이들에게
물려줄
'세 가지의 힘'

숙달에 이르는 보편적 원리를 '기술화'하라

어느 시대든 부모는 아이들이 성장하고 발전하기를 바란다. 사회구조의 변동 폭이 비교적 크지 않았던 시대에는 부모 자신이 터득해 온 노하우나 가치관 그대로를 아이들에게 전수하면, 아이들은 이 발자취를 따라 안전하게 성장하고 성숙할 수 있었다. 불과 얼마 전까지만 해도 '세대 간의 전수'가 이루어지며 현세대와 다음 세대가 거의 비슷한 방식과 수준으로 성장할 수 있었다.

하지만 시대가 급변하면서 자주적으로 재생산이 이루어지던 시대와는 상황이 크게 달라졌다. 정보혁명을 핵심으로 한 세계적인 사회구조 변화의 물결 속에서 이전 세대는 다음 세대에게 무엇을 물려주어야 할지 판단하기 어려워졌다. 거품경제가 가져온 사회적 윤리 규범의 붕괴와 불황의 장기화로, 어른들조차 자녀 세대에게 '물려주어야 할 것'에 관한 판단에 자신감을 잃었다.

부모 세대로부터 계승 받을 미덕이 없는 사회는 당연히 불안정하다. 비록 젊은 세대가 기성세대에 반기를 들더라도 무언가를 전수하려는 의지 자체가 무너져서는 안 된다. 우리 사회에서 청소년, 젊은 층이 겪는 고질적인 문제의 대부분은 '우리의 아이들에게 무엇을 가르치고 물려주어야 하는가?'에 관한 기성세대의 확신과 공통 인식의 부재에서 기인한다.

그렇다면 이렇게 격변하는 현대사회를 살아가는 우리가 아이들에게 전하고 가르칠 것은 무엇인가.

그것은 '어떤 사회, 어떤 환경에서도 거뜬히 살아가는 힘'이다. 단, 여기에서 말하는 '살아가는 힘'이란, 원시시대에서나 필요한 생물학적 생명력만을 의미하는 것이 아니다. 물론 이 생물학적 생명력이야말로 모든 활동을 가능하게 하는 기본이므로 이를 활성화하는 것도 그 나름의 의

의가 있다. 이 사실을 전제로 두고, 현대사회에 필요한 살아가는 힘이란 무엇인지 구체적으로 이야기해 보자.

내가 생각하는 '살아가는 힘'이란, '숙달에 이르는 보편적 원리'를 반복적 체험을 통해 '기술로 만드는 것'이다. 어떤 사회에나 '일'은 존재한다. 경험이 전혀 없는 낯선 영역의 일이라도 숙달에 이르는 비결을 찾아내는 힘이 있다면 용기를 갖고 새로운 영역에 도전장을 던질 수 있다.

이렇게 말하면 언뜻 추상적으로 들리겠지만, 주변을 둘러보면 이러한 방식으로 기술을 터득한 사람이 적지 않다. 나 자신만 하더라도 그런 인물들을 꽤 여럿 만났다. 그중에서 유독 인상적이었던 사람은 필리라는 이란 사람이었다.

필리와 나는 우리 집 근처의 역에서 처음 만났다. 필리가 친구의 집을 찾기 위해 내게 길을 물은 것이 인연이 되었다. 함께 길을 걸으며 이야기를 나누던 중 필리가 나를 자기 아파트에 초대했고, 맛있는 카레를 대접받게 되었다. 필리와 나는 영어와 일본어를 섞어가며 대화했다. 그는 일본에 온 지 불과 3개월 정도밖에 되지 않았고, 그전에는 일본어를 접해본 적도 없는 사람임에도 불구하고 나와 일본어로 대화했다. 이는 대단히 놀라운 일이었고, 나는 경이감을 느꼈다. 필리는 영어도 배운 지 몇 개월 되지 않았지만, 나와 영어로 의사소통하는 데 전혀 지장이 없었다.

필리는 철저하게 자습 위주로 언어를 학습했다. TV나 라디오에서 들은 말은 곧바로 노트에 옮겨 적어 반복해서 읽고 외웠다. 그뿐 아니라 일본인을 만나면 적극적으로 다가가 실전 회화를 연습했다. 배움에 대한 열정으로 가득한 필리는, 모르는 단어가 나오면 곧바로 내게 질문했다. 한번은 당시 유행하던 '브레이크 댄스'를 필리가 내게 선보인 적이 있었다. 내가 어디에서 배웠냐고 묻자, 그는 약간 의아한 듯 "어디서 배운 게 아니야. 잘 추는 사람을 보고 계속해서 따라 한 것뿐이야."라고 대답했다.

필리는 시부야에 있는 레스토랑에서 일해 번 돈으로 아파트를 빌려 지내고 있었는데, 일을 잘해 제법 많은 급여를 받고 있었다. 어떻게 그렇게 일을 잘하게 되었는지 묻자, 이번에도 역시 "그냥 다른 사람들을 잘 관찰하고, 그대로 따라 한 것뿐"이라는 심플한 대답이 돌아왔다. 예를 들어 샐러드 종류는 만들기 쉬워서 한 번 보면 저절로 외워진다고 했다. 반복 연습을 통해 만드는 속도가 다른 사람보다 훨씬 빠르고 정확해지다 보니 레스토랑에서도 자연스럽게 인정받은 것이다.

훔치는 힘

이란 사람들 모두가 필리처럼 능동적인 생명력을 가진 것은 절대 아니다. 필리와 같이 지내던 고향 친구만 해도 상당 기간 필리에게 얹혀살았다. 반대로 필리는 무슨 일이든 잘 해낼 수 있다는 확신으로 가득한 듯했다. 특정 분야에서만 보이는 자신감이 아니라, 생활 전반에서 자신감이 느껴졌다. 필리야말로 모방을 통해 '내 것으로 만드는 것'이 곧 숙달의 비결임을 몸소 보여주는 사람이다.

'전문가의 방식과 행동을 관찰하고 그 기술을 훔쳐 내 것으로 만든다.' 이것이 숙달로 이어지는 대원칙이다. 머리로만 아는 것이 아니라 자신의 생활에 녹여 습관화하는 것이 관건이다. 그런데도 대부분의 교육 현장에서는 이 '훔치는 힘'을 일류가 되기 위한 대원칙으로 인식하지 못하고 있다. 대원칙은커녕 방법론으로써의 '훔치는 힘'을 언급 조차 하지 않는 것이 현실이다.

교육의 본래 의미는 배우는 힘을 기르는 데 있다. 가르침이 있어도 배움이 없으면 교육이라 부를 수 없다. 반대로 가르침이 없어도 배움이 있다면 그야말로 훌륭한 교육이라 말할 수 있다. 교육이라 하면 '가르치고 가르침을 받는 것'이라는 관계적 개념으로 인식하는 경향이 있지만, 그래서는 '훔치는 힘'을 기를 수 없다.

문법과 예의에 맞는 말로 찬찬히 배울 수 없을 때, 혹은 말로 배우는 것보다 더 많은 것을 체득하고 싶을 때야말로 '기술을 훔쳐 내 것으로 만들고 싶다'는 의식이 싹튼다. 기술은 보고 듣기만 해서는 몸에 익힐 수 없기 때문에 '훔친다', '그대로 따라 한다'는 적극적인 자세로 달려들어야 비로소 어렴풋하게나마 감을 잡을 수 있다. 이는 TV에 나오는 연예인들을 무조건 동경하고 따라 하는 개념과는 완전히 다르다.

현재의 공교육 수업은 실습과 실험 시간을 제외하면, 대부분의 과목이 강의식 수업으로 이루어진다. 한 명의 교사가 다수의 학생에게 교과 내용을 좀 더 효율적으로 전달하기 위해 만들어진 일제교수 방식을 채택한 것이다. 산업혁명 이후 민주국가가 성립되면서 국가 주도로 국민 보통교육이 시행되었고, 일정 지식을 되도록 많은 학생에게 전달하기 위해 이 방법이 보급되었다.

그런데 최근 들어 일제교수 방식의 폐해를 비판하는 인식이 강해지면서 이를 대체할 대안 교육의 필요성이 대두되었다. 하지만 기존 교육제도가 일정 이상의 효과를 거둔 면도 있어, 급작스러운 폐지가 반드시 정답이라고 할 수는 없다. 문제는 제도의 틀과 교육 내용의 괴리다. '학생들이 길러야 할 능력'인 A와 '이를 실현할 방법'인 B가 전혀 일치하지 않는다. A와 B를 효과적으로 조합하여 적재적소에 배치하고 다양한 교육 방법을 활용할 줄 아는 교사가 요구되는 시점이다.

현 교육 시스템 아래에서는 '훔치는 힘'을 길러야 한다는 의식이 흐릿해지기 쉽다. 학생들은 교사가 주입하는 지식을 일방적으로 받아들이는 입장이기 때문에 정해진 것 외에 새로운 기술을 훔쳐 자기 것으로 만들려는 의지가 생기지 않는다. 이는 교사도 마찬가지다. 가장 효율적인 방법으로 최대한 많은 양의 지식을 전달하는 데에 신경을 집중하기 때문에, 진정한 배움과 삶의 지혜를 전달할 여력이 없을 뿐더러 근본적인 원리를 전수해야 한다는 의식 자체가 점점 희박해진다.

그러나 '훔치는 힘'이라는 기초적인 힘을 제대로 체화하면 어떤 사회, 어떤 상황에 놓이더라도 무리 없이 살아낼 수 있으며, 숙달도 빠르다. 이렇게 중요한 사실이 정작 공교육 현장에서는 강조되지 않으니 아이러니가 아닐 수 없다. 흥미로운 사실은 '훔치는 힘'을 교육의 기본으로 규정하고 자기 스스로 체득하게 하려는 움직임이 근대 이전에 이미 존재했다는 점이다. '장인'을 키우는 직업 교육 현장에서는 이미 젊은 후계자를 양성하는 데 '모방'을 바탕으로 하는 도제식 교육이 이루어지고 있었고, 제대로 된 매뉴얼조차 없는 것이 '업계 상식'이었다.

장인들은 문하생들에게 일일이 친절하게 가르치지 않았다. 따라서 초보자들은 장인이나 선배 문하생들의 행동을 어깨너머로 관찰하며 본인 스스로 터득해야 했다. 말 그대로 '모방'과 '연습'이 아니면 전혀 배울 수도, 터득할 수도 없는 것이 장인들의 기술이었다. 특히 장인, 예술가들의 세계는 말이나 글만으로는 아무 힘이 없고, 몸을 움직여 실제로 부딪쳐 가며 터득해야만 기술을 자기 것으로 만들 수 있다.

현대사회에서는 모든 것을 문자화하여 매뉴얼로 남기는 것이 일반적이다. 다수의 교육생들을 단기간 내에 일정 수준으로 끌어올리기에 매뉴얼만큼 효율적인 교육 방식이 없는 것도 사실이다. 하지만 진정 일류가 되기 위해서는 매뉴얼을 넘어서 언어로 표현할 수 없는 부분까지 훔쳐내 체화해야 한다.

물론 다른 사람의 기술을 훔쳐보며 모방해야 하는 도제식 교육이 모든 분야에서 효율적이라고 할 수는 없다. 하지만 전통 공예나 기타 예술 부문에서는 일류의 경지에 오른 사람들이 자신의 재기를 다음 세대로 확실히 전수하기에 최적화된 방법이라는 점에는 반박의 여지가 없다.

다만, 여기에도 속사정은 있다. 제자가 너무 출중하여 스승을 순식간에 따라잡으면 좁은 직업 세계에서 경쟁자 입장이 되기 때문에, 자신의 모든 것을 쉬이 전수하려 들지 않는다. 하지만 학교에서는 학생이 아무리 실력이 좋고 우수해져도 어느 날 갑자기 교사의 자리를 위협할 일은 없다. 이렇듯 도제식 교육(개별교수)과 일제교수 방식은 근본적인 차이가 있다.

일례로, '봉공(奉公)'[1]이라는 말에서도 알 수 있듯, 기술을 제대로 체화하지 않아 장인의 경지에 도달하지 못하면 품삯도 받지 않고 노동력을 바쳐야 하는 경우도 있었다. 이에 더해 '보은 봉공'이라 하여 오랜 기간 가르침을 받은 보답으로 무보수로 봉사하거나, 약속된 기간이 끝난 뒤에도 감사의 뜻으로 주인을 위해 더 일하는 사람도 있었다. 그러다 보니 고용인과 봉공 사이에 괴롭힘이나 억압이 발생하는 등 권력관계가 존재하기도 했다. 이런 이유로 옛날 평민들 사이에서 구전되던 이야기에는, 설이나 추석과 같은 큰 명절이 되어야만 고향에 방문할 수 있었던 어린 봉공의 애환 어린 사연이 소재로 종종 등장했다.

물론, 말로 배우는 것만으로는 제대로 체화하기 어려운 것도 사실이다. 하지만 완벽히 전수하면 자신의 자리가 줄어들지도 모른다는 현실적인 불안감과 함께 부대끼고 살아오며 쌓인 애착이 복잡하게 얽혀있는 것이 장인 교육제도의 모순적 현실이다.

---

1   몸을 바쳐 고용인에게 봉사하거나 고용살이를 하는 사람.

한 프로 야구 선수의 아이디어

1970년대 일본의 퍼시픽 리그를 대표하던 한큐 브레이브스(현 오릭스 버팔로스)의 간판 투수인 야마다 히사시가 싱커(Sinker)[2]라는 기술을 익히기까지의 과정은 '훔치는 힘'이 숙달에 필요한 기본임을 보여주는 대표적인 예다.

야마다 선수의 시그니처는 '아트 스로'라고 불릴 만큼 유려한 언더핸드 투구 폼(Under—hand Throw)[3]이었으며, 이 기술로 프로 야구 통산 284승이라는 진기록을 남겼다.

언더핸드 스로는 공을 낮게 던지는 투구 폼으로, 타자 앞에서 공의 낙폭이 크다는 장점이 있지만, 공의 스피드가 느린 단점이 있다. 하지만 야마다의 공은 낮게 출발하여 직구로 솟아오르는 속도가 압도적이어서 타석에 들어서는 타자마다 가뿐하게 삼진으로 잡아냈다. 야마다는

---

2   투수가 던진 후 타자 앞에서 갑자기 뚝 떨어지는 공.
3   팔의 각도를 허리 아래로 내린 형태로, 공을 아래로부터 '퍼올리 듯' 던지는 투구 폼.

빠른 인하이 피칭(In—high Pitching)[4]으로 타자를 삼진 아웃시키는 것이 주특기였다. 이를 지켜본 감독이 코너에서의 컨트롤을 유지하라는 조언을 했지만, 그는 자신의 스타일을 고수하며 속구로 승부를 보았고 보란 듯이 승리를 거두었다.

그러나 세월 앞에 장사는 없었다. 야마다 선수도 시간이 지날수록 직구만으로는 더 이상 승산이 없음을 느끼고 변화구를 연구하기 시작했다. 당시 한큐 브레이브스팀에는 또 다른 언더핸드 투수인 아다치 고히로가 있었다. 아다치는 야마다와 대조적으로 스피드는 다소 떨어졌지만, 커브와 싱커 기술로 상대를 제압하는 피칭을 구사하는 선수였다.

한창 싱커를 연구하던 야마다는 좀처럼 뜻대로 되지 않자, 용기를 내어 아다치에게 싱커 기술을 가르쳐 달라고 부탁했다. 그러나 아다치는 "싱커를 던지게 되면 자네의 주특기인 직구와 스피드를 포기해야 하니, 아직은 싱커를 던질 때가 아니야."라며 거절했다. 하지만 이미 필사적인

---

4 몸쪽 높은 볼, 최대한 타자의 몸에 가까우면서도 높이 던지는 공.

마음이었던 야마다는 포기하지 않았다. 야마다는 아다치가 불펜에서 투구 연습을 할 때마다 뒤에서 지켜보았다. 아다치의 투구 폼을 훔쳐보며 그가 구사하는 기술을 그대로 따라 하기 시작했다. 사실 당시 아다치의 의도는 이러했다.

"야마다가 언젠가는 나를 능가할 선수라는 것은 이미 알고 있었다. 다만 그 당시 그의 부탁대로 선뜻 싱커를 가르쳐 주었다면, 나로서는 당장 밥줄이 끊기는 상황이 될 것이므로 바로는 가르쳐주고 싶지 않았다. 하지만 야마다는 역시 연습벌레이자 집념의 사나이였다. 가르쳐주지 않는다면 훔쳐서라도 배우겠다는 마음이었던 것 같다. 포스트 시즌이 시작될 무렵 야마다의 투구 자세와 싱커를 보며 나는 그날이 왔음을 직감했다. 한 팀에 같은 스타일의 투수가 두 명씩이나 있을 이유는 없지 않나."

그야말로 프로다운 답변이다. 프로의 세계는 친분으로 이루어지는 것이 아니라 실력과 결과로 평가받는 냉정한 세계다. 눈에 불을 켜고 훔쳐보아야만 비로소 눈에 들어오는 것이 있다. 그냥 바라보는 것으로는 부족하다. 수많은 시행착오를 반복 경험하며 부딪혀봐야 비로소 자기 것으로 만들 수 있다. 야마다의 이야기를 들어보자.

"요즘 선수들은 하나하나 친절하게 가르쳐주기를 원한다. 하지만 우리 때에는 나보다 앞선 선수들을 따라 하는 것부터 시작했다. 쉽사리 가르쳐주지 않으니 기웃거리며 훔쳐보고 무작정 따라 하는 수밖에 없었다. 그러다 보면 상대방의 특징이나 버릇까지 모방하게 되어 그 기술이 몸에 익을 무렵에는 이미 내 것이 된다."

훔쳐서라도 기술을 익히고야 말겠다는 야마다의 의지를 지켜보던 아다치가 드디어 입을 열었다. 야마다는 그때를 이렇게 회상한다.

"아다치가 제게 싱커를 바로 가르쳐 주었다면, 저는 '아, 겨우 이런 거였잖아.' 하고 소중하게 여기지 않았을 겁니다. 하지만 그가 거절하자 저는 더욱 절실해져 밤낮으로 방법을 고민하며 연습에 몰두했습니다. 이제 어렴풋이 알겠다 싶을 때 마침 아다치가 제게 손을 내밀었고, 저는 그가 하는 말을 바로 이해할 수 있었습니다. 그의 충고가 저의 투구 폼을 완성해 줬죠."

이 이야기는 충고의 진정한 가치는 그것을 받아들이는 사람의 '기술을 훔치려는 의지'가 얼마나 강한지에 달렸음을 보여준다.

'기술을 훔치는 힘'은 '기술을 훔치려는 의지'가 있어야 강해질 수 있다. 단순한 '모방'과 '훔쳐서 내 것으로 만드는 것'의 차이가 바로 이 부분이다.

기술을 훔치기 위한 전제

무언가를 '기술'이라 부른다는 것은 이미 그 행위를 일정 수준 이상으로 능숙하게 하는 상태라는 뜻이기도 하다. 처음에는 무조건 따라 하기만 했을 것이다. 그것은 패션일 수도 있고, 단순한 버릇이나 전체적인 느낌일 수도 있다. 하지만 무엇을 '훔칠 수 있으려면' 몸소 체험하며 시행착오를 수없이 반복해야 한다.

기술을 훔치려면 그저 눈으로 보기만 하는 것으로는 부족하다. 범위를 좁혀 반드시 훔쳐야 할 핵심을 찾아내야 한다. 이 핵심 포인트를 걸러내는 과정이 곧 기술을 훔치기 위한 밑바탕이 된다. 핵심 포인트는 '기술'이라는 퍼즐을 완성하기 위한 마지막 한 조각이 되어줄 것이다. 물론 완성해야 할 퍼즐 역시 누가 손에 간단히 쥐여주는 것이 아니다. 목마른 사람이 우물을 파듯, 필요한 사람이 직접 찾아 나서야 한다.

'기술을 훔치는 힘' 자체는 지극히 보편적인 요소지만, 시대에 따라 전체적인 경향도 달라지기 때문에, 어떤 때는 가르쳐 주려는 사람들이 넘치기도 하지만, 어떤 시대에는 급격히 감소하기도 한다. 그뿐만 아니라 손쉽게 가르침을 제공받는 분위기에 익숙해지면, 직접 기술을 훔쳐서라도 자기 것으로 만들고 말겠다는 의욕이 솟아나기 어렵다. 수많은 시행착오를 거쳐 아다치의 싱커 기술을 터득한 야마다의 다음과 같은 이야기는 시대의 변화를 실감하게 한다.

"드디어 어느 날 아다치가 제게 야구공 잡는 법을 보여주겠다고 하더군요. 그의 시범을 보며, 공 잡는 법에서는 큰 차이가 없을 거라는 제 추측이 틀리지 않았음을 확인할 수 있었습니다. 비록 어깨너머로 배웠지만, 저조차도 미처 깨닫지 못한 사이에 이미 싱커 기술과 공 잡는 법까지 완전하게 습득한 것이죠. 하루에도 수백 번씩 같은 그룹에서 투구 연습을 했으니 그럴 만도 합니다. 단지, 항상 불안감이 남아있었기 때문에 확신을 두고 싶었습니다. 지금 저의 싱커 기술은 제 나름대로 치열하게 고민하며 다져온 기술이기 때문에 아다치 선수의 싱커와는 조금 차이가 있습니다. 아다치 선수의 싱커는 직구로 날아오다가 갑자기 뚝 떨어지는 것이 특징이지만, 저는 좀 더 공중을 휘젓다가 떨어지는 싱커가 목표였어요. 손가락 사이를 최대한 넓혀서 던지는 것이죠. 말하자면 야마다 표 싱커랄까요. 요즘 젊은 투수들 가운데 이 기술을 탐내는 친구가 있으면 확실하게 전수해 주고 싶은 마음도 있는데, 관심을 보이는 친구들이 없더라고요."

모순적인 이야기로 들리겠지만, 질문을 던지는 것도 능력이다. 이미 일정 수준 이상의 실력 또는 배경지식을 갖추어야 날카로운 질문도 가능하다. 이것이 바로 내가 말하는 '질문력'이다.

'기술을 훔친다'고 하면 기술이 없는 사람이 숙달된 사람의 기술을 모방하고 따라 하는 상황만 떠올리기 쉽다. 하지만 현실에서는 이미 숙달의 경지에 이른 사람이 초보자에게서 특정 기술이나 비법을 훔치는 일도 심심치 않게 볼 수 있다. 전체적인 기량은 다소 부족한 사람이라도 하나하나의 기술을 따로 떼어놓고 보면, 그중 한 가지 기술 면에서는 일류의 실력을 보이는 경우도 적지 않기 때문이다.

기술을 훔치려는 의지는 전문가일수록 높다. 좀 더 전문적이고 능숙해지기 위한 힌트와 아이디어를 얻으려는 욕구가 강하기 때문이다. 반면, 초보자 중에는 이미 일정 수준 이상으로 기술에 숙달했음에도 그 사실을 자각하지 못하는 사람도 있다. 하지만 이미 어떤 분야에 통달한 사람의 눈으로는 초보자의 무의식적인 행동에서도 힌트를 찾을 수 있는 법이다. 자신보다 미숙한 사람에게서도 배울 점을 찾아내는 그들의 의식은, 한 집단 내에서 정상의 자리에 오른 뒤에도 성장을 계속하게 하는 원동력이 된다. 야마다의 이야기를 들어보자.

"젊은 선수들을 유심히 살펴보면, 제게는 없는 장점들이 있다는 것을 알 수 있습니다. 그런 점을 발견하면 '와, 저런 거는 나도 한번 해 볼까?' 하는 생각이 들기도 하죠."

이쯤 되면 단순히 '기술을 훔치려는 의지'가 아니라 탐욕에 가깝다고 할 수 있지 않을까. 기술을 탐하는 자세로 주변 사람들을 관찰하는 그의 시야는 코치가 되면서 한층 넓어졌다. 다양한 선수들이 가진 기술이 눈에 들어오면서 자신의 방식만을 고집해 오던 편협한 관점에서 벗어나게 된 것이다.

기술을 '훔치는 힘'과 모방의 차이

기술을 훔치는 힘은 단순한 모방과 전혀 다르다. 외형적인 모습만 모방할 뿐, 그 속에 숨은 본질을 놓치는 사람들이 의외로 많다. 유명한 선수의 패션이나 특유의 버릇을 모방하는 데만 치중하여, 정작 그 선수의 기술은 흉내조차 내지 못하는 극단적인 사례도 있다. 그만큼 극단적인 경우가 아니라도 표면적인 퍼포먼스를 흉내 내기에만 급급한 것은 모방에 불과할 뿐, 기술을 훔쳐 자기 것으로 만들었다고 할 수 없다. 기술을 훔쳐내는 힘의 근본은 암묵적으로 이루어지는 작용을 인지하여 자기 밖으로 드러내는 것이다. 그리고 밖으로 드러난 '생각 또는 의식'을 다시 한번 자기 몸에 체화시킴으로써, 완전히 자기 것으로 만들 수 있다. 이러한 일련의 과정을 거쳐야만 비로소 완전히 기술을 훔칠 수 있는 것이다.

기술을 훔치는 힘은 '암묵지[5]를 얼마나 명확하게 인식하는지'에 달려 있다. 노나카 이쿠지로·곤노 노보루는 저서인 《지식경영 추천 — Knowledge Management와 그 시대》에서 이러한 원리를 다음과 같이 설명했다. "기업 내의 지식 대부분은 암묵지로서, 그것을 활성화하여 형식지로 이용하는 과정이 대단히 중요하다." 다시 말해 암묵지와 형식지의 순환 사이클을 이루어 내는 것이 지식 창조의 핵심이라는 이야기다.

"신체적이고 본능적 차원인 암묵지(잠재 지식)를 몸에 익혀두지 않으면, 난도가 높고 신속함을 필요로 하는 퍼포먼스를 발휘할 수 없다. 물론 이러한 지식을 얻고 공유하려면 충분한 시간이 필요하다. 이 암묵지를 매뉴얼 등을 통해 형식지(표면 지식)로 만드는 과정이 필요한 것은 이러한 이유에서다."

기술을 훔치는 힘은, 암묵지를 본인의 의식으로 자체

5　개인의 기술이나 경험 속에 숨어 있지만, 말과 글로 표현할 수 없는 지식이나 능력.

해석하여 형식지로 발현하고, 이를 다시 자기 안에 스며들게 하는 힘을 말한다. 암묵지와 그것을 활성화한 형식지의 선순환을 활용하여 기업을 성공으로 이끈 사례 가운데 하나를 소개한다. 다케노우치 히로시타카의 《지식 창조 기업》에 흥미로운 이야기가 실려 있다.

마쓰시타 전기가 홈 베이커리 기기 개발에 박차를 가하고 있을 때의 일이다. 사업부 전체가 아이디어를 모아 '이지, 리치(easy, rich)'로 콘셉트를 정하고, 본래 모든 과정이 수작업으로 이루어지던 제빵의 과정을 전자동화하는 개발을 진행했다. 하지만 연구 개발을 진행하는 과정에서 숙련된 기술자가 구운 빵과 자동 제빵기로 구운 빵의 맛이 아무래도 미묘하게 다르다는 사실을 발견했다.

그래서 당시 소프트웨어를 담당하던 다나카 무베라는 여성이, 숙련된 제빵사의 기술을 배우기 위해 오사카에서 가장 맛있다고 평판이 자자한 빵집의 기술자를 찾아가 비법을 전수받게 되었다. 다나카는 자신이 만든 빵과 기술자의 빵 맛이 엄청난 차이를 보이는 것에 혀를 내두르면서도, 대체 그 차이가 어디에서 오는지를 밝혀내기 위해 그 기술자의 비법을 의식적으로 훔쳐보는 노력을 계속했다.

하지만 제빵 기술자는 반죽을 만들어 맛있는 빵을 만드는 기술은 탁월하지만, 정작 본인의 기술이나 기법을 언어로 표현하는 데에는 아무래도 서툴렀다. 다나카는 제빵 기술자의 잠재적 지식인 암묵지를 '비틀어 늘어뜨리기'라는 단어로 개념화하여 회사 엔지니어들에게 전달했다. '비틀어 늘어뜨리기'라는 표현으로 제빵 기능의 중요한 포인트를 개념화한 것이다.

엔지니어들은 다나카가 전달해 준 '비틀어 늘어뜨리기'라는 콘셉트를 바탕으로, 그 동작을 기계적 기능으로 구현하기 위해 반죽 그릇 안쪽에 특수한 홈을 팠다. 덕분에 주걱으로 밀가루 반죽을 섞을 때마다 반죽이 홈에 걸려서 길게 쭉쭉 늘어나는 동작이 가능해졌다. '비틀어 늘어뜨리기'라는 형식적 표현을 통해, 한 개인의 암묵지가 표면으로 부상하여 그것을 현실의 것으로 만드는 과정을 가능하게 한 것이다.

다나카는 이것에 만족하지 않고 엔지니어들에게 "좀 더 강하게 섞어보세요."라든지 "좀 더 빨리 섞어보세요."와 같은 코멘트를 적절하게 전달하면서, 자기 속에 있는 암묵지를 엔지니어들에게 전달했다. 그러면 엔지니어들은 조건을 바꿔가며 최적화해나갔다. 그뿐 아니라 엔지니어들 역시 빵 반죽의 촉감을 좀 더 사실적으로 구현하기 위해, 해당 제빵 기술자를 찾아가 경험을 공유했다. 이렇게 수개월 동안 시행착오의 과정을 반복한 끝에 드디어 고품질의 상품이 탄생하게 되었다.

암묵지와 형식지의 순환

기술을 훔치는 비법이란, '암묵지'와 그것을 활성화한 '형식지'의 순환을 기술화하는 것이다. 이 순환을 원활하게 하기 위해서는 적확한 '요약력'과 전문가를 상대로 하는 '질문력', 그리고 '코멘트력'과 같은 중요한 능력들을 발휘할 수 있어야 한다. 또한 일이라는 것 자체는 '과정'에 따라 진행하기 때문에, 결국 기술을 훔치는 것은 과정을 훔친다는 뜻이기도 하다. 자기 스스로 일을 기획하고 실행하는 과정을 정리하며, 그것을 제대로 추진할 수 있을 때까지 수련하는 것은 '일의 추진력'을 단련하는 일이기도 하다.

'일의 추진력'은 개인적인 작업에 국한하지 않고, 여러 사람과 관계되는 작업을 창의적으로 만드는 힘이다. 일은 '추진 방법'에 따라 얼마든지 창조적이고 생산적인 방향으로 나아갈 수 있다. 그런 의미에서, 암묵지와 형식지를 한 개인 안에서 순환하는 것만으로는 충분하지 않으며, 그룹 단위로 공유함과 동시에 더 큰 조직적 활동으로 확대하는 것이 이상적이다.

한 개인 안에서 암묵지와 형식지의 선순환이 원활히 이루어지면, 그 개인은 언뜻 숙달의 경지에 이른 듯 보이지만, 그가 속한 조직 등의 전체적인 발전으로 이어지기는 어렵다. 그러므로 조직이 창의적으로 발전하기 위해서는 '일의 추진력'이 필요하다. 더구나 암묵지를 명확하게 표면화하는 것은 매우 어려운 작업이기 때문에, 혼자서 머리를 싸매고 고민한다 해도 뚜렷한 결과를 기대하기 어렵다. 여러 사람이 모여 과제 의식을 공유하고, 토론을 통해 각자의 암묵지를 활성화하여 순환하는 과정에서 각자의 암묵지가 긍정적으로 작용하는 일도 많다.

실제로 자신에게 내재한 암묵지를 본인 스스로 인식하기란 어려운 일이므로, 그럴수록 주변 사람들의 도움이 절실하다. 상대방의 암묵지를 자극할 수 있는 의견 교환을 활발하게 할수록, 조직이나 모임은 더욱 활성화한다. 이렇듯 암묵지를 활성화하는 기술은, 기업뿐 아니라 학교 수업에서도 기본 개념으로 인식해야 한다. 그러나 실제 학교 수업에서는 방대한 양의 형식지를 전달하는 데만 급급하다는 인상을 지울 수 없다. 책에 나온 내용을 토대로 출제된 시험 문제를 푸는 형태, 즉 형식지를 형식지로서 재생하는 형태의 시험으로는 암묵지를 발견하여 형식지로 표현하는 능력을 기를 수 없다. 진정 우리 아이들에게 필요한 것은 자신이나 타인의 암묵지를 명확하게 파악하여 그것을 활성화하고 상호 지식으로 공유하는 힘을 기르는 것이다. 그것이 훗날 일을 추진하는 능력을 좌우하는 요소기 때문이다.

'암묵지'를 다른 말로 표현하면 '신체지'라고 할 수 있다. 몸으로는 분명하게 인식하고 있지만, 그것을 언어로 명확하게 표현하지 못하는 사항들에도 많은 의미가 담겨 있기 마련이다. 신체지를 지나치게 강조하는 사람은, 인간의 신체만을 중시하는 경향을 보인다. 하지만, 우리가 진정 추구해야 할 것은 신체지를 형식지로 끌어내는 능력이다. 그런 측면에서 언어는 중요한 무기가 될 수 있다. 언어의 위력을 부정하는 듯한 신체 편중 주의로는 암묵지와 형식지의 선순환을 이루어 낼 수 없다.

문과와 이과의 대립을 뛰어넘어

세상을 이분법의 논리로 이해하는 관점은 어떤 면에서 보면 참 편리하다. 천지창조나 창세신화 등을 살펴보면 하늘과 땅이 나뉨으로써 세상이 열리고 혼돈의 원초 상태, 즉 카오스에서 질서로 이행하는 과정에 의해 이 세상이 창조된다. 선과 악이라는 이분법의 잣대로 세상을 이해하는 관점은 오랫동안 각 사회를 지배해왔다. 이러한 이분법적 대립 논리를 적절히 활용하면 현실 감각을 키우는데 도움이 되기도 한다. 그러나 모든 것을 이분법적 사고로 단순화하는 데서 그친다면, 모든 사물을 흑백으로 규정하여 오히려 현실과의 괴리를 조장할 위험이 있다. 문과 대 이과라는 식의 구분은 이분법적 관점의 오류에 빠지기 쉬운 가장 대표적인 예다.

모든 사람을 문과 계열과 이과 계열 두 종류로 나누는 사고방식의 궁극적 목적은 합리적인 역할 분담을 위한 것처럼 보이기 쉽지만, 실제로는 숙달을 향한 의욕이 샘솟는 데 방해 요인으로 작용하는 경우가 많다. 문과를 선택한 사람은 본인이 문과 계열에 잘 맞는 사람이라고 스스로 규정하여 선택하는 일보다, 이과 과목 성적이 나쁘다는 이유로 소극적인 선택을 하는 경우가 많다. 특히 수학 과목에 자신이 없어 이과는 포기해야 한다는 마음으로 문과를 선택하는 사람이 의외로 많다.

그리고 한번 자신을 문과적 인간이라고 규정해버리면, 이과 과목을 잘하고 싶은 의지를 포기한 채 완전히 손을 떼어버린다. 성장의 싹을 잘라 버리는 것이다. 안타까운 점은 이때 버려지는 것이 이과 계열 과목 몇 가지에 그치지 않고, 학교 커리큘럼보다 훨씬 폭넓은 과학적 지식 전반에 대한 관심과 욕구라는 점이다.

같은 맥락에서 반대로, 자신을 이과 계열이라고 규정하는 사람 중에는 철학이나 사상, 문학으로 대변하는 소위 문과 계열의 지식에는 관심을 기울이지 않아도 된다며 마음을 놓는 사람이 많다. 서양에서는 물리학이나 수학과 같은 이과 계열 분야의 학위와 철학, 문학 등의 문과 계열 학위를 모두 가진 사람이 적지 않다. 그러나 아시아 일부 국가에서는 여전히 이과 아니면 문과라는 이분법적 사고가 고정관념으로 자리 잡고 있는 듯하다.

그런데 현실에 대입하여 차분히 생각해 보면, 이러한 이분법의 사고는 전혀 설득력이 없다. 문과 계열에 속하는 경제학과의 경우, 이수 과목에 반드시 수학을 포함한다. 반대로 이과 과목으로 알려진 생물학은 오히려 암기력이 요구되는 과목일 뿐, 수학적 능력이 크게 필요하지 않다. 국어나 사회 과목에도 논리력이 필요하다는 점을 감안하면, 이과와 문과를 나누는 기준으로 논리력의 필요 유무를 드는 주장 역시 설득력이 약하다.

직접적으로 수식을 사용하는지 여부는 차치하고라도, 문과 계열의 학문을 한다는 이유로 논리력을 키우려하지 않는 태도는 매우 어리석다고 할 수 있다. 소설가나 예술가처럼 특수한 창작 활동을 하는 사람은 논리력을 뛰어넘은 직감력이 필요하다. 그러나 직감이라는 것은 이과의 연구 활동에도 필수 불가결한 요소다. 그뿐 아니라 경영하는 등 실제 사회생활에서도 논리력과 직관력을 조화롭게 갖추어야 성공적인 판단을 할 수 있다.

전체를 구조적으로 분석하고 파악하는 능력도 이와 마찬가지다. 세부적인 면에는 강하지만 전체 구조를 파악하는 능력은 부족하다고 해서 문과 적성이라고 규정하는 것은 편협한 사고다. 문과 계열 학문을 공부하는 사람도 구조를 파악하는 능력이 없으면 성장할 수 없다. 논리적 사고나 큰 틀을 구조적으로 파악하는 능력의 유무는 문과 대 이과라는 이분법적 논리를 뒷받침하는 것이 아니라, 지적 활동에서 빠질 수 없는 보편적 능력임을 분명히 인지해야 한다.

물론 수식을 사용한 설명이 필요한 경우에는 수학적 지식을 착실하게 축적한 사람만이 해결할 수 있기 때문에, 그 부분에서 뒤처져 있는 사람은 자기 능력 밖의 일인 것처럼 보일 수 있다. 또한, 수식이라는 수학적 언어가 다른 것으로 대체할 수 없는 합리성을 가진 것은 사실이지만, 이를 자유자재로 사용할 수 있는 사람은 많지 않다.

그러나 대부분의 이과적 지식은 우리가 평소에 사용하는 언어와 문자로 대략의 내용을 추측할 수 있는 특징을 가진다. 최근에는 일반인들이 과학적 지식에 쉽고 재미있게 접근할 수 있도록 만들어진 양질의 서적들이 다수 출간되고 있다. 더불어 최첨단 기술을 갖춘 과학자가 일반 독자들이 쉽게 이해할 수 있도록 지식의 정수를 담아 저술한 교양 과학서들도 쉽게 찾아볼 수 있다.

이과적인 소양과 문과적인 소양이 개인의 자질에 따라 천차만별이라는 점은 나의 경험상으로도 충분히 납득이 간다. 그러나 일단 자신을 문과라고 한 번 규정하면 과학지식 전반에의 관심을 완전히 끊어버리거나, 모든 배움의 기본이 되는 논리적·구조적 사고를 단련하려는 노력조차 하지 않는 태도는 심각한 문제다.

문과적 성향이 있는 사람은 대체로 언어에 강하다는 특징이 있다. 문장 이해력이 뛰어나기 때문에 우리말로 쓴 과학 서적을 읽고 이해하는 능력은 오히려 이들이 더 뛰어나다고 할 수 있다. 이미 갖추어진 책을 읽고 이해하는 능력을 통해 과학서의 지식을 수월하게 흡수할 수 있음에도 스스로 성장의 기회를 차단해 버리는 사람을 볼 때면 매우 안타깝다.

대학에서 문과 학생들에게 이과 과목을 강의하는 교수들의 이야기를 들어보면, 자신을 문과라고 규정하는 순간 그 학생은 이미 지적 호기심이 제한되며, 학문을 탐구하려는 열의마저 사라진다고 한다.

기초 능력은 공통분모다

모든 사람을 문과와 이과의 두 갈래로 구분하는 이분법적 사고는, 굳이 다른 영역에 대한 지적 호기심이나 학구열을 불태울 필요가 없다는 변명을 뒷받침하는 도구가 된다. 이렇듯 편협한 사고를 유발하는 이분법적 논리에서 벗어나기 위한 방법 두 가지를 제안하고자 한다.

한 가지는 '훔치는 힘', '추진하는 힘', '요약하는 힘'의 세 가지 힘을 문과 대 이과라는 차이에 얽매임 없이 어느 영역에서나 꼭 필요한 보편적 기초 능력으로 규정하는 것이다. 다른 한 가지는 책을 많이 읽고 요지를 추출하는 기술이야말로 모든 구분을 뛰어넘는 필수 기술이라는 점을 받아들이고, 완전히 몸에 배도록 훈련하는 것이다.

우선 세 가지 힘이 문과·이과를 넘어 모든 영역에 적용되는 기초적 능력이라는 주장의 타당성에 관해 이야기해보자. 앞서 언급했듯 이 세 가지 힘은 어떤 일을 할 때 꼭 필요한 공통 능력이라는 관점에서 내가 만든 말로서 어느 교과서에도 등장하지 않는다. 하지만 내가 이 '세 가지 힘'을 주제로 강연했을 때, 동경대학교 공과대학의 호리에 이치노 교수는 이 세 가지 힘이야말로 이과 계열 연구자들에게 필요한 기초 능력이라는 의견을 내놓았다.

"이 세 가지 힘은 이과 계열 학문을 공부하는 사람도 반드시 갖추어야 할 중요한 기초 능력입니다. 공과 대학을 예로 들면 학부나 대학원 시절에는 대부분의 수업이 실험 위주로 이루어집니다. 그런데 실험이 성공하려면 '따라 하는 힘, 즉 훔치는 힘'이 꼭 필요합니다. 교수나 선배들의 실험 방법과 순서를 잘 관찰하고 거기서 요령을 확실하게 훔쳐야만 제대로 된 실험이 가능하거든요.

일단 기본적인 실험 절차를 익히면 그다음 단계로 자신이 직접 연구 과제를 설정하고 기획하는 경험을 쌓아야 하는데, 이때 필요한 것이 '추진하는 힘'입니다. 실험을 중심으로 한 연구 절차를 스스로 기획하고 추진해 나가는 일은 연구자로서 반드시 해내야 하는 작업입니다.

어쩌면 '코멘트력'이나 '질문력'이 이과 계열 공부에

왜 필요한지 전혀 모르겠다고 생각하는 사람도 있을 겁니다. 하지만 국제적 규모의 학회 등에서는 자신의 연구 성과를 발표하는 능력이 절대적으로 필요합니다. 본인의 연구 성과를 요약하여 잘 전달하는 능력뿐 아니라, 다른 사람의 발표에 적극적으로 질문하고 적절한 코멘트를 제시하는 능력을 지닌 젊은 연구자들은, 그 이후에도 크게 성장할 확률이 높습니다. 저는 우리 학생들에게 적극적으로 학회나 모임에 참석하여 자기 생각과 연구 실적을 발표하면서, 상대방의 발표 내용에도 정확하게 질문하고 의견을 나누는 경험을 충분히 쌓도록 강조합니다. 그러한 능력이 이후 자신의 연구에 얼마나 큰 보탬이 되는지 언젠가 깨닫게 될 겁니다."

호리에 교수의 의견을 통해 나는 이 세 가지 힘이 이과 계열 연구원이나 학자를 양성하는 데 중요한 기초 능력으로 작용한다는 점을 재확인할 수 있었다.

그뿐 아니라 호리에 이치노 교수는 이 세 가지 힘이 기업체와 같은 일반 회사에서도 분명히 중요한 능력이라고 강조했다. 특히 업무를 익히는 단계에서는 상사나 선배 직원의 비법을 '훔치는 힘'이 필수적이고, 여러 명의 부하

직원을 관리해야 하는 중간 관리직이 되면 조직을 활성화하는 '추진하는 힘'이 필요하며, 상급 관리자가 되어서는 자신이 직접 나서서 모든 일을 진행하기보다 부하 직원들의 업무에 적절한 질문과 조언을 할 수 있는 '요약 및 코멘트하는 힘'이 절실하다는 의견도 남겼다.

요컨대, 문과 대 이과, 혹은 학교 공부 대 회사 업무와 같이 모든 영역을 이분하는 사고의 결점을 보완해야만 세 가지 힘이 기능을 충분히 발휘할 수 있다는 뜻이다.

'중요도'를 의식하라

이 '세 가지 힘'과 꾸준한 독서를 연결하는 것이 바로 '요약력'이다. 요약력은 문과와 이과 계열 모두에게 공통으로 필요한 능력이다. 요약이라고 하면 흔히 몇 페이지쯤 되는 글을 200자 내외로 요약하는 과제를 떠올리기 쉽지만, 좀 더 포괄적인 관점으로 요약력을 새롭게 정의할 필요가 있다. 예를 들어 영화 감상을 한 후 다른 사람에게 줄거리나 감상평을 전달하는 것도 요약력에 해당한다.

또한 무도나 예술 분야에서 강조하는 '형식(틀)' 역시 요약력의 결정체다. 다양한 움직임 중 가장 기본이 되는 동작을 통해 전체를 집약적으로 나타낸다. 이것이 바로 '형식'의 주요 기능이며, 현실 속에 존재하는 다채로운 움직임들을 요약하여 담는 것이라 정의할 수 있다.

이미 문자로 기록한 것을 양적으로 짧게 줄이기만 해서는 요약이라고 말할 수 없다. 영상이나 현실 자체를 요약하는 능력이야말로 한층 고도의 능력이다. 요약력은 그 자체를 꾸준히 의식해야만 향상할 수 있다. 어떤 상황에서든 정확한 요약 능력을 발휘할 수 있으면 상대방과 요점에서 벗어난 대화를 할 위험이 줄어들 뿐 아니라 오히려 효율적인 커뮤니케이션이 가능해진다.

요컨대, 요약력이야말로 숙달의 기본인 셈이다. 한 가지 기술에 숙달하려면 자신에게 주어진 과제를 명확히 이해하는 과정이 전제되며, 과제의 요지를 엉뚱하게 이해하면 숙달에 이르는 길은 멀어지고 만다. 먼저, 복수의 과제 중 중요한 과제를 정확히 파악한다. 다양한 과제를 비교 분석하여 우선순위를 매기고, 선정된 과제들을 중요도에 맞게 시간순으로 배치한다. 자신에게 적합한 커리큘럼을 구성하기 위해서는 변수가 많은 속성의 현실 자체를 요약할 수 있는 능력이 요구된다.

그뿐 아니라 자신에게 할당한 과제와 수많은 과제를 비교, 분석하여 우선순위를 매기고 그 자료를 바탕으로 시간적 배열을 해나가야 한다. 이것이 이른바 커리큘럼 '구성 능력'이다. 본인에게 적합한 커리큘럼을 구성하기 위해서는 다양하고 변화무쌍한 속성을 가진 현실을 제대로 인지하고 요약하는 힘이 필요하다.

요약의 기본은, 핵심을 남기고 그 외의 주변 요소는 과감히 '버리는 것'이다. '버린다'고 해서 무작정 쳐내는 것이 아니라, 남겨둔 핵심 속에 어떤 형태로든 녹여, 버려지는 요소에도 가치를 부여하는 것, 이러한 요약이 가장 이상적인 요약이다. 요약력이란 결국 '중요도'를 파악하는 것이다. 회의 자리에서 대부분의 시간을 형식적인 보고에 할애하느라 정작 의사결정이 필요한 중요 사항은 제대로 논의조차 못 하는 상황이 적지 않다.

이런 상황이 발생하는 가장 큰 이유는 중요도에 대한 의식이 부족한 탓이다. 형식적인 절차에 치중하다 보면 시간을 효율적으로 분배하지 못하고 에너지를 낭비하게 된다. 중요도가 낮은 문제에 80퍼센트 이상의 에너지를 소모하는 웃지 못할 상황이 발생하는 것도 같은 이유다. 중요도의 오류를 방지하려면 80퍼센트 이상의 시간과 에너지를 중요한 사항에 쏟을 수 있도록 항상 비축해 두는 것이 좋다.

시험지 테스트는 보통 주입식 교육의 도구라는 이미지가 있어 부정적으로 인식하는 사람이 많다. 하지만 시험지 테스트야말로 '중요도'를 의식하는 데 대단히 효과적인 방법이다. 예를 들어, 시간과 에너지의 총량을 쉽게 100이라고 가정했을 때, 그중 배점이 낮은 문항 20은 전반부에, 배점이 높은 문항 80은 후반부에 배치하는 것이 일반적이다. 실제로 수학에서는 단순 계산 문제와 부담이 큰 증명 문제가, 영어의 경우에는 문법 문제와 장문 독해 문제 등이 이러한 비율로 구성된다.

가령, 20점밖에 되지 않는 전반부 문제에 80퍼센트 이상의 에너지를 쏟는 사람과 80점 배점 문제에 80퍼센트의 에너지를 쓰는 사람이 있다고 가정할 때, 후자의 경우가 더 바람직한 접근이라는 점에는 이견이 없을 것이다. 나 역시 한때는 비중이 크지 않은 문제에 시간과 에너지를 소모하느라 정작 중요한 문제에는 손도 대보지 못하는 실수를 경험한 적이 있으나, 시험공부를 통해 이러한 오류를 반복하는 과정에서 에너지를 적절하게 분배하는 능력의 중요성을 깨닫게 되었다.

'요약하는 힘'의 기본

물론 시험은 출제자가 미리 배점을 정해놓는다는 점에서 현실 사회와 근본적으로 차이가 있다. 실제 업무 회의 등에서는 대체 중요도를 어떻게 배치해야 좋을지 애매한 상황이 비일비재하다. 그뿐 아니라 무엇을 결정하기 위한 회의인지조차 명확하지 않은 상태로 회의가 시작되는 경우도 허다하다. 그럴 때는 결국 '회의를 위한 회의'로 끝나며 참석자들 모두의 시간과 에너지를 허비하게 만든다.

80퍼센트 이상의 중요도를 차지하고 있는 주제가 일정 수준의 결정에 도달하는 것. 그리고 그 부분에 에너지를 집중하는 것. 이는 당연한 듯 들리지만 실제로는 지켜지지 않는 경우가 상당히 많다. 때로는 형식적인 회의 진행에 얽매여 본질을 놓치는 진행자들의 운영 방식이 이런 결과를 낳기도 한다. 기본적으로, 회의에서 반드시 결정해야 할 사항을 사전에 명시하고, 그 결정에 관련된 내용 안에서 효율적인 질의응답이 이루어지도록 운영하는 것이 바람직하다.

회의 문서와 보조자료들은 회의 시간 절약에 도움을 주지만, 문서 설명에 너무 많은 시간을 할애하는 것은 주객이 전도된 것이다. 회의 자료를 훑어보며 요지를 파악하는 일은 회의 참석자 각자가 회의에 참여함과 동시에 소화해야 하는 기본적인 부분이다.

회의에 참여하면서 자료에서 요지를 파악하는 작업을 평행하게 해내지 못하는 사람은 '요약력'을 기르는 연습이 부족하다는 뜻이다. 이미 친절하게 정리된 보고 내용에서 요지를 파악하지 못하는 한 사람을 위해 다시 자료를 구구절절 설명하는 일은 모두의 시간과 에너지를 얼마나 소모하는 일인가. 예상컨대 회의에서 허비된 에너지를 수치로 환산해 보면 생각보다 어마어마할 것이다.

참여한 사람들이 일정 수준 이상의 요약력만 갖추어도 이러한 소모는 어느 정도 예방할 수 있다. 반면, 원활한 회의 진행을 방해하는 주체가 상사나 고객 등 주도권을 가진 사람일 경우는 소모적인 상황이 와도 조율하기가 어렵다. 예를 들어 회의의 의사 결정권자가 요점을 벗어난 이야기를 장황하게 늘어놓으며 회의 진행을 어렵게 만들면 모든 참여자의 시간과 에너지를 빼앗는 꼴이 된다. 그러므로 의사결정권을 가진 자리에 있는 사람일수록 요약력이 더욱 절실히 요구된다. 요약력의 기본은 80퍼센트 이상의 가치를 지닌 사항을 정확하게 찾아내는 습관이다.

특히 스포츠 분야에서는 80퍼센트 이상의 비중을 차지하는 기술을 연마하는 데 에너지를 투입하는 것이 빠른 숙달의 기본이다. 예를 들어 축구에서의 오버헤드킥(Overhead Kick)[6]은 실제 경기에서 자주 쓰이는 기술이 아니다. 하지만 기술 자체가 워낙 화려하고 동작이 크기 때문에 하이라이트 장면 등에 자주 등장할 뿐 아니라, 축구를 소재로 한 만화에서도 '끝판왕', '필살기' 같은 이미지로 그려진다. 이 때문에 축구 꿈나무들은 그 모습을 동경하여 오버헤드킥 연습에 열정을 쏟아붓기 쉽다. 하지만

---

[6] 몸을 허공에 완전히 띄운 채 머리 뒤로 볼을 넘겨 차는 기술.

정작 실제 경기에서는 포지셔닝(Positioning)[7]이나, 트래핑 (Trapping)[8] 등의 기술이 더 중요하다. 화려하게 눈에 띄지는 않지만, 볼 경합 상황에서 수시로 사용되는 기본 기술이기 때문이다.

이처럼 실전에서 자주 사용하는 기본 기술 연습에 에너지를 집중하는 것이 숙달로 가는 지름길이다. J 리그 소속의 프로 축구팀인 가시마 앤틀러스의 지코 코치는 팀을 우승으로 이끈 비결을 묻는 기자들의 질문에 "반복 연습을 통해 기본기를 철저히 다지는 것"이라고 답했다. 일류 선수일수록 '80퍼센트'인 기본기를 꾸준히 반복하여 '체화하는 것'이 얼마나 가치 있고 중요한지 정확하게 인지하고 있다.

흔히 이야기하는 '형식(틀)'과 같은 개념은 결국 기술을 압축한 것이다. 이러한 개념의 장점은 중요한 기술에 모든 에너지를 철저하게 투입할 수 있는 상황을 만들어주는 데 있다. 적당히 분배하는 것이 아니라 가장 중요한 기술

---

7   팀 동료에게 볼을 받기 전에 자신이 서 있어야 할 곳을 예상하여 미리 위치하는 기술.

8   날아오는 공을 발이나 가슴 등의 신체 부위로 컨트롤 하는 기술.

에만 에너지를 집중하는 철저한 태도야말로 형식과 기술을 동시에 얻을 수 있는 해답이다.

이 기본 기술은 '알고는 있다'거나 '이해를 하기는 한다'거나, 또는 '대충 할 수 있을 것 같다'라는 정도로는 도저히 평가할 수 없다. 오로지 '언제든지 확실하게 재현할 수 있다'는 자세만이 진정한 의미에서의 기술이다. 이렇듯 자신의 모든 에너지를 쏟아부어 몸으로 익힌 '특기'를 기반으로 삼은 후에야 '스타일'이 만들어진다.

2대8공식

전체의 80퍼센트에 해당하는 중요 부분을 정확하게 파악하는 연습에는 단시간 안에 많은 책을 읽고 그 내용을 요약하는 훈련이 유효하다. 다독을 어려워하는 사람 중에는 끝까지 완독해야만 책을 읽은 것이라는 강박을 가진 사람이 많다. 이 생각에 집착하게 되면 언젠가 막다른 길을 만나게 된다. '끝까지 읽어내는 것만이 독서는 아니다'라는 생각을 전제로 책 읽기를 습관화하면 의외로 손쉽게 많은 양의 책을 흡수할 수 있다. 동시에 10권, 20권도 가능하다. 이렇게 대량으로 책을 읽는 것이 불가능한 것처럼 보이지만, 익숙해지면 그리 어려운 일도 아니다.

소설은 예외일 수 있지만, 책에는 보통 요지가 있다. '요약력'을 기르기 위해 '책 전체 내용의 20퍼센트를 읽고 나머지 80퍼센트를 유추하는 연습'을 하는 경우가 있는데 이는 상당히 효과적인 방법이다. 예를 들어 200쪽 분량의 책을 10퍼센트나 20퍼센트, 그러니까 20~40쪽 정도만 읽고 나머지 80퍼센트를 유추하여 책의 요지를 파악하는 훈련이다. 이른바 '2 대 8 공식' 과제다.

물론 세상의 모든 책이 2 대 8 공식에 부합한다고 단정할 수는 없다. 하지만 그렇다고 해서 처음부터 끝까지 동일한 비중을 유지하며 요지를 분산 배치하기도 쉽지 않다. 어쩌면 책 자체가 스스로 '중요도'를 조절하는 것인지도 모를 일이다. 책의 앞부분을 20퍼센트 정도 읽는다는 고정관념으로 읽기 시작했는데 알고 보니 중요한 이야기가 후반부에 집중해 있으면 낭패다.

보통 책을 처음 잡으면 목차와 서문, 후기 등을 훑어보며 내용을 가늠한다. 그러나 해당 부분만으로 책 전체를 유추하려 든다면 일반론적인 요약에 머물기 쉽다. 물론 그 정도면 그 책을 쓴 취지 정도는 이해할 수 있지만, 구체적으로 흥미로웠던 내용이나 표현 같은 부분은 담지 못해 흔하고 무미건조한 요약문 정도로 전락할 위험성이 크다. 시중에 넘치는 서평 중에도 목차를 짜깁기한 듯한 형식적인 요약과 무책임한 비판으로 끝맺는 경우가 부지기수다. 정작 해당 책의 진정한 매력을 사실적으로 전달하는 역할에는 관심이 없는 것이리라.

"이 책은 이 부분만 제대로 읽으면 나머지 80퍼센트는 읽은 것과 마찬가지다"라고 말할 수 있을 만큼 핵심적인 20퍼센트를 발췌하는 것이 '요약의 포인트'다. 이 점을 깨달았다면 요약력 향상은 빠르게 이룰 수 있다. 전체의 20퍼센트를 토대로 나머지 80퍼센트를 유추하고 파악하는 것. 이 방법을 나는 '2 대 8 공식'이라 부른다. 이 공식은 비단 독서뿐 아니라 우리 생활 전반에 걸쳐 다양한 형태로 응용할 수 있다.

독서를 통해 '2 대 8 공식'을 기술화하기 위해서는, 아주 짧은 시간 안에 여러 권의 책을 요약해야 하는 상황을 만드는 것이 가장 좋은 훈련 방법이다. 최근 대학교 수업에서 내가 자주 적용하는 방법인 '순간 다독술'이 그 예다.

우선 학생 열 명 정도를 동그랗게 앉힌 다음, 중앙에 가득 쌓아둔 책들 속에서 자신이 가장 관심 가는 분야의 책(단, 접해본 적이 없는 책)을 고르게 한다. 그리고 3분 동안 자신이 선택한 책을 훑어본 후 돌아가면서 그 책의 요지를 발표하는 것이다.

생각하기에 따라서는 겨우 3분 안에 책 한 권의 요지를 파악하라는 것이 무리한 주문일 수도 있다. 하지만 막상 강의 시간에 이 과제를 내보면 3분이라는 짧은 시간 안에 책의 요지를 정확하게 집어내는 학생이 있다. 즉 불가능한 기술은 아니라는 뜻이다. 약간 버겁기는 하지만 '막상 해보면 못 할 것도 없는' 기술이다.

연습 효과도 뚜렷하여 몇 차례 반복해 보면 학생들도 나름의 요령을 파악하기 시작한다. 처음에는 초조한 마음만 가득한 채 갈피를 잡지 못하던 학생도, 다른 학생의 요령이나 비법을 듣고 연습하다 보면 3분이라는 짧은 시간을 훌륭히 활용하는 기술을 터득한다.

'순간 다독술'의 요령 몇 가지를 소개하면, 먼저 키워드와 질문을 적절하게 설정하는 방법을 들 수 있다. 언뜻 보면 그저 책을 팔랑팔랑 뒤적이는 것처럼 보이지만, 그러면서 책의 요지를 정확하게 파악하는 사람이 있다. 이런 사람은 중요한 부분을 찾아서 읽는다기보다 오히려 '중요한 내용들이 알아서 그 사람의 눈에 들어온다'는 표현이 어울릴 정도로 감각이 발달해 있다.

그렇다고 해서 그것을 신비스러운 능력이라고 거창하게 볼 일은 아니다. 평소 자신의 관심사나 주제 또는 키워드를 명확히 해두면 그 자체가 하나의 거대한 자석이 되어 그와 링크되는 말들이 저절로 달라붙는 이치다. 그 자석은 나무 형태를 띠는 것이 가장 이상적이다. 즉, 나무 기둥이 되어줄 질문이나 키워드를 단단히 설정해 두고, 그 위에 수많은 정보가 쌓이면 이것이 양분이 되어 감각이 가지를 치고 지식의 잎이 무성해지는 것이다.

관심으로 이루어진 자석을 만들어라

'나무 모양의 관심 자석'을 자기 안에 심기 위해서는 스스로 상황을 설정하는 것도 좋은 방법이다. 책을 집어들고부터 1~2분 정도는 '이 책에서 얻어야 할 것은 무엇인가'를 먼저 정해 보는 연습도 효과적이다.

책을 읽기 전에 '여기서 이것 정도만 알면 책의 80퍼센트를 파악한 것이나 다름없다'라는 구체적 목표를 머릿속에 그려보면, 이 목표가 중심이 되어 그와 관련된 정보들이 끌어당겨지면서 거대한 자석 기둥이 생겨난다. 회의를 효율적으로 운영하기 위해서는 '이번 회의에서 반드시 결정해야 하는 것은 무엇인가?' 즉, 과제를 명확히 설정하는 과정이 필수적이다. 마찬가지로 효율적인 독서를 하기 위해서는 '이 책에서 얻고 싶은 것은 무엇인가?'를 어렴풋하게나마 정해 보는 과정이 필요하다. 독서를 통해 얻고자 하는 것, 즉 과제를 파악하는 것이 궁극적인 목표라는 마음으로 독서에 임하면 대량의 책도 무리 없이 읽어낼 수 있다.

중심이 될 질문을 설정할 때는 제목이나 목차 또는 후기 등을 참고하면 좋다. 여기서 중요한 것은 기둥이 되어 줄 질문을 설정하는 습관 들이기다. 이러한 습관이 완전히 몸에 배면 '요약력'은 자연스럽게 따라온다.

더불어, 키워드를 정해 보는 연습도 매우 효과적이다.

책을 읽기에 앞서 키워드를 세 개 정도 생각해 두면 책을 대충 넘기며 읽어도 그 단어들이 눈에 쏙쏙 들어올 것이다. 그리고 해당 키워드들을 중심으로 앞뒤 문맥을 파악해 가다 보면, 이전까지 제각각이었던 정보들이 하나로 모여 단단한 기둥을 이루게 된다. 그다음 두세 개의 키워드를 조합하여 하나의 견해로 다듬어가는 작업을 진행하다 보면 자연스럽게 그 책의 요지가 드러난다.

'키워드 간의 연관성을 명확히 파악한다'는 마음으로 책장을 넘기면 막연하던 내용들이 효과적인 정보로 탈바꿈하여 자신 속에 남는다. 이때 키워드는 나무 자석의 굵은 가지와 같은 역할을 한다. 키워드가 저절로 당신의 눈 속으로 들어오게 만드는 데는, 책장을 넘기다가 원하는 키워드가 등장하면 그때마다 동그라미 표시를 해 두는 연습이 효과적이다.

특히 이 훈련법에서는 키워드 이외에는 눈길을 주지 않고 해당 키워드가 나왔을 때 재빨리 표시하는 것이 중요하다. 이러한 연습을 반복하면 책장을 최대한 빨리 넘기는 방법과 단시간 안에 시선을 골고루 분배하는 요령도 서서히 익힐 수 있다. 키워드에 재빨리 표시하는 습관을 들이면, 이후 다시 읽을 때도 그 부분이 단서가 되어 내용을 더 깊이 이해할 수 있다.

키워드를 효과적으로 설정하려면, 물론 숙련 과정이 필요하다. '키워드를 명확하게 설정하는 것'도 하나의 기술임을 인식하고 의식적으로 노력해야 능숙해질 수 있다. 하지만 앞서 이야기한 대량의 문서나 책을 단시간 안에 처리해야 하는 상황을 일상에서 만나기란 쉽지 않다. 그러므로 '순간 다독술'을 연습할 기회는 의지로 만들어야 한다. 본인이 의식적으로 그러한 상황을 만들어서 연습에 집중하는 것이, 많은 양의 책을 읽고 요지를 파악하는 기술 습득을 위한 전제 조건인 셈이다.

이 기술을 확실하게 익히면 서점이나 중고 책방에서 10~20분 만에 열 권 이상의 책을 독파할 수 있다. 책을 사지 않고도 열 권이나 되는 책을 읽고, 내용까지 충분히 파악할 수 있다니, 이 얼마나 경제적인가. 쓱 훑어본 책들 가운데, 시간을 들여 꼼꼼히 읽고 싶은 책이 있다면, 해당 책만 골라 구매하면 된다. 이렇게 '순간 다독술'을 완전하게 몸에 익히면 서점가를 한 번 순례하는 것만으로도 상당한 지식과 정보를 얻을 수 있다.

요약력이나 순간 다독술과 같은 기술은 학자들처럼 직업적으로 책을 많이 읽어야 하는 사람뿐 아니라 일반인들에게도 매우 유용한 기술이다. 때로는 긴 시간을 들여 짧은 문장을 구석구석 음미하는 훈련도 필요하지만, 그보다는 10분 안에 여러 권의 책을 독파하는 능력이 더 중요하다. 자신에게 꼭 필요한 책을 정확하게 고르기 위해서라도 배경지식의 범위를 넓혀두는 것이 좋다. 단시간 내에 여러 권의 책을 간파할 수 있게 되면 지식의 퀄리티 측면에서 에너지 효율 역시 현저히 높아질 것이다.

　　얼마 안 되는 시간에 여러 권의 책의 요지를 파악하는 기술은, 그 자체가 기본 기술임을 인식하는 것만으로 상당한 숙련 효과를 보인다. 국어 시험에나 나올 법한 아주 미묘하고 세세한 해답을 찾는 능력도 중요하지만, 많은 사람이 타당하다고 공감할 수 있는 키워드를 찾아 짧은 시간 안에 요약해 내는 기술은 실천적인 방법이라 할 수 있다.

　　영어의 장문 독해 파트에서는 '다음 중 본문의 내용과 일치하는 것을 세 가지 고르시오'와 같은 문제가 자주 출제된다. 물론 모국어라면 시간이 필요하지 않을 정도의 헤맬 일 없는 종류의 문제다. 이런 문제는 본문의 요지를 제대로 반영한 선택지를 고르기만 하면 그만이다. 현실적으로 봤을 때, 아주 미묘하여 저자 본인도 정확히 설명하기 어려운 '저자의 심리 상태(라고 출제자가 생각하는 것)'를 억지로 추측하는 연습보다, 대량의 문자 정보 속에서 80퍼센트 이상 타당한 내용을 적확하게 파악하는 훈련을 하는 편이 훨씬 유익한 일이다.

제2장

스포츠로
두뇌를
단련하라

심오한 스포츠의 세계

────────────

"운동만 하면 뇌까지 근육이 되어버려 못 쓰게 된다"라는 농담도 진담도 아닌 말을 들을 때가 있다. 물론 운동부에 들어가 공부와는 담을 쌓고 운동만 하다 보면 성적이 나빠지는 건 당연한 일이다. 특히 중학교부터는 연계학습에 따른 지식 축적이 필요하기 때문에, 아무리 '머리가 좋은' 아이라도 한번 격차가 크게 벌어지면 단기간에 따라잡기 어렵다. 학교마다 분위기는 다르겠지만 공부니, 시험이니 하는 이야기 자체를 터부시하는 운동부도 있고, 학원에 다니거나 일반교과를 공부하는 것 자체를 비밀로

해야 하는 곳도 있다.

혼히 '머리가 좋다'는 말은 주로 기호를 조작하는 능력이나 언어정보 처리 능력 등이 뛰어나다는 의미로 사용한다. 이러한 능력이 없으면 아무리 뛰어난 운동 감각이나 기술이 있어도, 정확한 언어로 전달할 수가 없다. 하지만 반면에 언어 표현력이 다소 부족하다고 해서 신체 감각이나 기술 수준까지 떨어진다고 단정하는 것은 섣부른 판단이다.

일본 프로야구팀 요미우리 자이언츠의 감독이었던 나가시마 시게오가 타격 훈련을 지도하는 장면을 본 적이 있다. 그는 훈련 시간 내내 "허리를 휙 비틀면 방망이가 후욱 하고 돌아가면서 휴웅 하는 고음이 날 거다. 이 '휴웅' 하는 소리가 나야 한다."며 의성어와 의태어를 잔뜩 섞어가며 이야기했다. 이런 장면을 여러 차례 목격하면 본의 아니게 나가시마 감독의 인식능력 자체를 의심하기 쉽지만, 언어 표현력과 운동 감각 또는 인식능력이 항상 비례하는 것은 아니다.

머리가 좋다는 것은 단순히 학교 공부에서 좋은 성적을 얻는 것이 아니라, 어떤 상황에 놓여도 자신이 무언가에 숙달하는 요령을 파악하는 능력이 좋다는 뜻이다. 이 능력은 완전히 낯선 환경에서도 기술을 모방하고 훔쳐내어 자기 것으로 만들어 가면서, 집단 속에서 자신의 위치를 분명히 함을 가능하게 한다. 이 능력은 지극히 보편적인 요소기 때문에 한번 이 능력에 숙달하여 기술로 만들어 두면 어느 영역에서나 무기가 될 수 있다.

'숙달을 위한 숙달', 즉 숙달 능력 자체를 기르기 위해서는 무언가에 숙달하는 과정이 전제되어야 한다. 그러므로 처음부터 너무 복잡한 상황(필드) 속에서 숙달의 원리를 찾으려 하면, 핵심을 파악하고 큰 틀에서 상황을 정리하는 데 어려움이 따른다. 그러므로 처음에는 여러 조건을 제한하여 단순한 상황에서 시작하는 것이 숙달의 원리 찾기에 유리한 방정식이다. 시작 단계를 지나면 조금 더 복잡다단한 현실 속에서 자신의 투쟁 법을 찾아야 한다. 이를 위해서는 현실의 축소판인 '미니어처' 세상에서 숙달의 모델을 찾는 과정이 전제된다.

스포츠는 '숙달에 이르는 미니어처 모델'을 찾기에 최적인 분야다. 스포츠에는 명확한 규칙이 있고, 현실보다 조건이 훨씬 제한적이다. 탁구를 예로 들어보면 탁구대 크기나 라켓 형태와 무게, 그리고 한번 바운드 된 공만 받아칠 수 있는 등의 규칙은 경기를 좀 더 재미있게 즐기기 위한 제한 사항들이다. 이렇듯 일정 제한점들이 있어야 핵심 기술을 확립하기 쉽다. 또한, 모든 사람에게 공통으로 적용하는 규칙이 있어야 그 규칙 안에서 자신이 원하는 기술을 마음껏 연습하고 연구하는 과정이 유의미해진다.

뛰어난 퍼포먼스를 발휘하려면 자신만의 확실한 기술이 필요하며, 그 기술에 숙달하기 위해서는 시합과는 별개로 연습을 진행하는 편이 효율적이다. 체험과 연습을 통해 자신이 목표로 하는 기술의 '가치'나 '훈련법'을 자각하는 과정은, 실전 경험보다 각자의 인생에 더 큰 영향을 끼친다. '숙달의 보편적 원리'를 깨치기 위한 방법으로 스포츠를 선택한다면, 그 종목은 선천적인 운동 능력이나 감각이 경기력을 좌우하는 종목보다는, 후천적으로 갈고닦은 기술이 경기 결과에 중요하게 작용하는 종목이 좋다.

그런 면에서 탁구는 특히 기술적인 역량이 차지하는 비중이 꽤 높은 종목이다. 축구도 기술이 중요한 스포츠지만, 아무리 초보라고 해도 초등학교 축구팀과 시합을 하면 성인이 압도적으로 유리하기 마련이다. 하지만 탁구는 다르다. 성인 초보자가 기술을 제대로 익힌 초등학생에게 도전장을 내민다면 아무리 성인이라고 해도 좀처럼 이기기 쉽지 않다. 체격이나 체력만으로도 경쟁이 되는 축구와 달리 탁구는 더 많은 기술적 요소가 필요하기 때문에, 본인만의 기술을 갈고닦아야 한다는 인식이 강하다. 탁구 기술은 저마다 특색이 명확하고 그 기술을 익힌 사람과 익히지 않은 사람의 차이가 뚜렷하다. 예를 들어 백핸드 횡회전 서브[1]를 넣을 수 있는지 없는지는 누가 봐도 명확한 사실적인 요소다.

축소판을 통해 연습하기

기술 습득에 대한 인식을 공유할 수 있는 환경은, 적절한 숙달 모델을 찾기 위한 환경 가운데서도 상당히 수준이 높다. 이와 반대로 수준이 낮은 환경에서는 무엇을

---

1   탁구에서 백핸드로 공을 서브하는 기술 중 하나로, 수평 방향으로 회전 스핀을 주어 상대방을 속이는 기술.

위해, 무엇을 해야 하는지에 대한 목적의식을 찾아볼 수 없다. 자신이 익혀야 하는 기술이 무엇이며 그 기술을 터득하기 위해서는 어떤 자세로 연습에 임해야 하는가. 이에 대한 공감대가 형성되지 못한 연습 환경은 의외로 많다. 특히 전문적이고 목적의식이 강한 지도자가 없는 클럽 활동 등에서는 선배들로부터 이어 내려온 체계 없는 방법을 아무런 목적의식이 없는 상태에서 단순 반복하며 형식적인 연습에 그치기 일쑤다.

기술을 향상하고 역량을 높이기 위한 방법으로 '축소판을 통해 연습하기'가 유효하다고 괴테는 말했다.

요한 페터 에커만(Johann Peter Eckermann)[2]이 집필한 《괴테와의 대화》에서 괴테는 기술을 향상하고 수준을 높이기 위해서는 모든 상황을 작은 규모로 세분화하여 보는 훈련이 효과적이라고 말했다.

"가장 좋은 방법은 대상을 10~12개 정도의 짧은 시 단위로 나누어 그려보는 걸세. 운율을 다는 작업이 다소

---

2 독일의 문필가로 괴테의 비서로 지냈다. 그가 집필한 《괴테와의 대화》는 만년의 괴테를 엿볼 수 있어 괴테 연구에 중요한 문헌이 되고 있다.

번거롭기는 하지만, 다양한 관점이 필요한 사람이라면 시에 있는 다양한 표현법이나 형식 등이 큰 도움이 될 거네. 이런 방식이 몸에 배면 아무리 범위가 넓어도 전체를 정확하게 파악할 수 있을 뿐 아니라 주변 사람들에게 주목받을 수도 있다네." 괴테의 이 말에 나는 무릎을 쳤다. "가끔은 시가 아니라 희곡 풍으로 접근하는 것도 좋은 방법이지. 예를 들어 정원사들과 대화하는 장면을 연출해 봐도 재미있지 않겠나. 이렇게 작은 단위로 잘라 보면 일 자체도 즐거워지고 대상의 다양한 특징도 훨씬 잘 표현할 수 있지. 하지만 반대로 전체를 그 자체로만 보고 포괄적으로 접근하면, 언젠가 한계에 부딪혀 완벽과는 거리가 먼 상황이 되기 쉽네."

탁구는 테이블 테니스라고 부를 만큼 테니스의 축소판 같은 스포츠다. 이 두 가지 스포츠의 관계에 얽힌 인상적인 경험이 있다. 나는 대학 시절 테니스 동아리 활동을 했는데, 어느 날 ○라는 신입 부원이 들어왔다. 그는 상당한 탁구 실력의 보유자였지만 테니스는 완전 초보였다. 물론 탁구와 테니스가 게임의 형식 면에서는 비슷한 점이 있지만, 실제로 사용하는 기술이나 주로 사용하는 근육은 상당히 다르다. 그렇기 때문에 탁구를 잘한다고 해서 처음부터 테니스도 잘하리라는 보장은 없다. 그 역시 입회 초기에는 그다지 눈에 띄지 않았다.

하지만 그의 발전 속도는 상상 이상이었다. 그는 여러 가지 기술에 순서를 매기는 데 명확한 기준이 있었다. 그가 선택한 방법은, 우선 자신이 원하는 스타일을 명확히 인식한 뒤, 그 스타일을 완성하는 데 있어 가장 사용 빈도가 높은 기술을 집중적이고 철저하게 연습하는 방식이었다. 그가 선택한 것은 우선 베이스라인에서 되받아치는 경기 스타일로, 높은 타점에서 볼을 찍어 누르듯이 때리는 방식의 포핸드(Forehand)[3] 중심의 공격 스타일이었다.

그는 탁구에서 익힌 발놀림의 장점을 살려서 대부분의 공을 포핸드로, 그리고 높은 타점으로 처리하는 데 필요한 기술을 연구해 나갔다. 그 외의 기술, 예를 들어 로우발리(Low volley)[4] 같은 기술을 연습하는 일은 좀처럼 드물었다. 대신 자신의 주특기로 정한 포핸드는 어떤 기술보

---

3 베이스라인에서 라켓을 쥔 손의 방향으로 날아오는 공을 타구하는 동작.
4 무릎 아래로 오는 공을 바운드시키지 않고 직접 받아 넘기는 기술.

다 철저하게 연습했다. 테이크 백(Take back)[5]이나 폴로스루(Follow through)[6]에는 크게 집착하지 않고, 30센티미터 안에서 오가는 스윙을 하루에도 몇백 번, 몇천 번씩 반복하며 임팩트(Impact)[7]의 정확도를 높여나갔다. 자신이 선택한 기술을 철저하게 단련한 덕분에 그는 테니스를 시작한 지 반년 만에 토너먼트에서 준우승을 거머쥐는 진기록을 세웠다.

내가 가장 감명받은 점은 그가 시합 중에도 연습하는 것처럼 보였다는 사실이다. 실제로 연습에서는 강한 타구가 가능했다 해도 막상 시합에서는 연습 때처럼 편안하게 기량을 발휘하기 어렵다. 나 역시 그런 경험이 여러 번 있다. 시합에만 나가면 손이 오그라드는 듯했고, 10년이나 테니스를 했으면서도 시합에서는 좀처럼 강한 스트로크를 시도하지 못했다. 아무리 여러 기술을 연습했어도, 결정적인 매치 포인트 상황에서 믿고 시도해 볼 수 있는 기

---

[5] 공을 타구하기 전에 라켓을 뒤로 들어 올리는 동작.

[6] 서브나 그라운드 스트로크에서 타구 후, 남아 있는 회전력에 의해 팔과 라켓이 자연스럽게 스윙의 진행 방향으로 향하는 동작.

[7] 타점의 영어 표현. 라켓으로 공을 치는 순간 또는 순간의 힘.

술은 한두 개에 불과하다. 그러므로 연습과 실제의 격차를 줄이는 것뿐 아니라, 어떤 상황에서도 연습 때와 동일한 실력을 발휘할 수 있도록 주특기를 연마하는 것이 얼마나 중요한지 절실히 느꼈다.

기술화의 요령

특정 동작을 언제든 자신 있게 구사할 수 있게 만드는 것을 '기술화'라고 한다면, 이 기술화는 철저한 반복 훈련을 통해서만 이룰 수 있다. 통상적으로 한 가지 동작을 완전히 자기 기술로 만들려면 적어도 1만~2만 번 정도는 반복이 필요하다고 한다. 이렇게나 엄청난 횟수를 반복하려면 기본이 되는 기술 몇 가지를 한정하는 것이 좋다. 기본기 중에서도 가장 중요한 몇 가지를 꼽아 집중적으로 훈련하는 것. 그것이 기술화의 요령이다.

탁구와 테니스의 랠리(Rally)[8]를 비교해 보면 쉽게 이

---

8 경기 중 상대 선수가 친 공을 다시 받아넘기며 양편의 타구가 계속 이어지는 상황.

해할 수 있는데, 일정 시간 동안의 랠리 횟수를 보면 탁구가 압도적으로 많다. 탁구 선수들은 리듬을 타고 거의 똑같은 자세로 담담하게 랠리를 반복하는 것이 특징이다. 빈 라켓을 휘두르는 연습 모습과 실제 경기에서 상대 선수와 랠리를 이어가는 모습이 거의 같다. 즉, 연습 자세와 실전 퍼포먼스의 차이가 적은 것이다. 그런 의미에서 탁구야말로 기본기의 반복 연습이 얼마나 중요한지 설명하기에 가장 적절한 스포츠다.

기본기 연습은 종목을 불문하고 모든 스포츠에 필수 연습 항목으로 설정되어 있지만, 실제로는 대부분의 경우 타성에 젖기 쉽다. 그러나 숙달에 이르기 위해서는 본인 스스로 목적하는 기본기를 정하고, 그 기본기를 완전히 익힐 수 있는 구체적인 훈련 방법을 정해 철저하게 반복 연습하는 것이 핵심이다. 다시 말해 높은 수준의 숙달을 위해서는 '기본기 설정'과 '훈련 매뉴얼 작성' 능력이 전제되어야 하는 것이다.

○에게는 한 가지 더 인상적인 부분이 있었는데, 그것은 그의 탁월한 '질문력'이다. 그의 관심사는 테니스 기술 전체를 완벽하게 습득하는 것이 아니라, 오로지 시합

에서 승리를 거두는 것뿐이었다. 그러기 위해 그에게 필요한 것은 자신만의 경기 스타일을 확립하고, 그 기술을 완전히 자기 것으로 만드는 일이었다. 그런데 그가 막상 시합에 나가보니 주요 기술 이외에 약간의 다른 기술도 필요하다는 것을 깨닫게 되었다.

여기서 그가 나에게 질문한 것은 안정된 스매시(Smash)[9]를 구사하기 위한 요령과 백핸드로 스트레이트를 날릴 때 적용할 수 있는 패싱샷(Passing Shot)[10] 기술이었다.

"시합을 하려면 이 두 가지 기술을 어느 정도 수준에 올려놓아야 할 것 같더라고요. 힌트 좀 주시겠어요?"라는 그의 요청에 담긴 명확한 과제 의식에 감탄을 금치 못했다. 내가 "크로스 패싱샷은 필요 없나?"라고 묻자, "그건 지금 쓰는 스트레이트 타법으로도 충분할 것 같아요."라고 분명하게 대답했다. 마침 비슷한 시기에 다른 친구에게 "짧은 시간 안에 테니스를 잘할 수 있는 비법이 있을까

---

9 공을 내리꽂듯이 상대 코트에 강하게 때려 넣는 동작.

10 상대방이 네트 가까이 접근했을 때, 상대방의 라켓이 닿지 않는 곳으로 공이 빠져나가도록 공격하는 타구.

요?"라는 막연한 질문을 받은 터라, ○의 질문력과 과제 의식은 더욱 깊은 인상을 남겼다.

'질문력'을 판단하는 기준 중 하나는 그 질문 뒤에 숨어 있는 과제 의식의 강도다. '그런 거 물어서 대체 무슨 도움이 되겠나.' 싶은 애매한 질문도 있는 반면, 수백 조각으로 된 직소 퍼즐의 마지막 한 조각을 찾는 듯 예리한 질문도 있다. 퍼즐을 완성시키기 위해서는, 질문에 앞서 본인 스스로 직소 퍼즐을 일정 단계까지 완성해 보는 수고로운 과정을 완수했어야만 가능한 일이다.

이렇게 수준 높은 '질문력'에 대해서는 그에 상응하는 수준 높은 '코멘트력'이 필요하기 마련이다. 대답하는 사람으로서의 책임감과 약간의 긴장감도 생긴다. 만약 잘못된 조각을 건네면 상대방이 그동안 열심히 맞춰온 퍼즐을 망치는 꼴이 될 수도 있다. 반대로 완성까지 아직 갈 길이 너무 멀어서 건네주어야 할 조각이 여러 개인 경우도 있다. 그렇다고 7~8개의 충고를 한꺼번에 늘어놓게 되면, 상대방이 제대로 소화할 수 없기 때문에 결국 무의미한 충고로 끝나고 만다.

그러므로 조언하는 사람은 범위 안에서 가장 핵심이

되는 포인트를 찾아내는 힘을 길러야 한다. 직소 퍼즐을 예로 든다면 그중 한 조각만 알려주면 나머지 조각은 본인이 알아서 찾아낼 수 있도록, 해결의 열쇠를 쥐여주는 역할을 해내야 하는 것이다.

앞서 언급한 ○의 질문에는 우선 스매시의 경우, 오른쪽 무릎을 바깥쪽으로 빼서 축을 만들어주라는 조언을, 양손 패싱샷에 대해서는 왼쪽 팔꿈치를 돌려서 상대에게 타구의 위치를 들키지 않도록 하라는 조언을 남겼다. 이 두 가지 조언 모두 궁극적인 목적은 그 행동 이후 이어지는 다음 동작과 자연스럽게 연결하기 위한 것으로, 평소 그의 자세를 유심히 살펴본 덕분에 가능한 조언이었다. 결과는, 물론 성공적이었다.

하스미 시게히코는 고다르에게 무슨 질문을 던졌는가

하스미 시게히코(蓮實重彥)[11]와 장 뤽 고다르(Jean—

---

[11] 영화 평론가이자 문학가, 제26대 도쿄대학 총장을 역임했다.

Luc Godard)[12]가 처음 만나서 나눈 인상적인 일화를 '질문력'에 관한 예로 들고자 한다.

하스미 시게히코는 프랑스 문학을 전공한 문학가이며 영화 평론뿐 아니라 문학 비평계에서도 영향력이 상당한 거장 비평가다. 그는 누벨 바그(Nouvelle Vague)[13]를 대표하는 프랑스 영화감독인 고다르(그의 데뷔작인 〈네 멋대로 해라(Le Redoutable)〉는 지금 봐도 참신하고 재미있는 작품이다)의 열혈 팬으로, 본인이 직접 그를 만나는 잡지 인터뷰를 기획했다.

그러나 상대가 워낙 거장이기에 좀처럼 만날 기회가 닿지 않았다. 우여곡절 끝에 드디어 고다르를 만날 수 있게 되었지만, '영화제에 출품할 필름 편집 일정이 너무 촉박한 관계로 일을 하면서 인터뷰해도 괜찮다면'이라는 전제가 붙었다. 그 정도는 전혀 아무렇지 않았기에 하스미 시게히코는 스위스의 레만 호수까지 단숨에 날아갔다. 하

---

12 프랑스, 스위스의 영화감독이자 영화 평론가. 1960년대 프랑스 누벨바그의 대표적 인물 중 한 명으로 시나리오부터 프로듀싱, 편집까지 본인 스스로 담당하기도 했다.

13 프렌치 뉴웨이브, 1950년대 후반 영화 업계의 상식을 뒤바꾼 새로운 물결. 대체로 비전통적이며 혁신적인 경향을 보인다.

지만 고다르의 작업실에 도착한 뒤, 그는 미처 생각지 못한 위기에 빠지고 말았다. 눈길 한 번 주지 않고 작업에 몰두해 있는 고다르와 마주한 순간, 도대체 어떤 질문부터 시작해야 좋을지 머릿속이 하얘진 것이다. 물론 하스미 시게히코 자신이 워낙 고다르의 팬이기에, 그의 웬만한 작품은 전문가만큼 훤했고, 무엇보다 자신이 직접 기획한 인터뷰였기에 사전에 만반의 준비를 해 온 터였다. 그러나 그렇게 준비해 온 질문들이 고다르의 작업을 중단하게 할 만큼 인상적인 질문인지 묻는다면, 차마 그렇다고 대답할 자신이 없었다. 게다가 고다르의 심기도 그리 편치만은 않아 보였다. '뭔가 좋을 게 없을까, 뭐든 떠올려보자.' 하스미 시게히코는 당장 고다르의 호기심을 자극할 만한 질문이 무엇일지 필사적으로 머리를 굴리며 초조한 마음으로 기다렸다.

그럼, 그 순간 하스미가 던진 질문은 무엇일까. 덧붙이자면, 그 질문 하나로 고다르는 바로 작업을 중단하고, 하스미에게 다가와 열성적으로 인터뷰에 응했다고 한다.

보통은 "저는, 감독님 영화 중에 ○○○을 아주 좋아합니다. 본인 스스로는 어떤 작품에 가장 애착이 가시나요?" 같은 질문을 떠올릴 수 있지만, 이런 질문에는 전혀 호기심이 일지 않는다. "아직 식사 전이시면 같이 식사라도 하시며 이야기 나눌까요?" 또는 "과자를 조금 준비해 왔는데, 한 번 맛 좀 보시죠."와 같은 대화 역시도 단번에 그의 시선을 사로잡을 수 없었으리라.

한술 더 떠 "당신에게 영화란 무엇입니까?" 따위의 질문은 최악의 질문이라 해도 지나치지 않을 것이다. 그렇게 추상적이고 심오한 사항을 대뜸 한마디로 정의해보라는 식의 주문은 무례하고 비상식적으로 느껴진다. 상대방에게 "저에게 영화란 사랑 그 자체입니다."라는 대답을 들으며 자기만족에 빠지는 인터뷰어라면 '질문력'이 부족하다는 자각이 없는 사람이다. 그 전형적인 예가 바로 스타들의 인터뷰다. "지금 소감이 어떠세요?" "너무 기쁩니다."라는 식으로 끝나버리는 인터뷰는 전혀 신선하지도 않고 아무런 의미도 없다.

스즈키 이치로(鈴木一朗)[14]도 한 경기 후 인터뷰에서

---

14 일본의 전 프로야구 선수로, 안타제조기로 불리며 미·일 통산 4,000안타라는 대기록을 세웠다.

"오늘은 이치로 선수 타격 폼이 조금 이상하지 않았나요?"라는 질문에 "당신이 그렇게 느끼셨다면 그런 거겠죠."라며 퉁명스럽게 답하여 질문자를 당황하게 한 적이 있었다. 그것은 평소 신뢰가 전혀 쌓이지 않은 인터뷰어가 프로의 영역인 타격 자세까지 관여하며 선 넘는 질문을 던진 데에 관한 불쾌함의 표현이었을 것이다. 물론 그런 질문을 던진 사람이 자신의 경기를 빠짐없이 지켜보며 한마음으로 응원해 준 사람이라면 상황은 달랐을 것이다. 이치로가 언젠가 한 인터뷰에서 "200번째 안타를 친 뒤 210번째 안타로 가는 길이 너무 벅차고 힘겨웠다. 그래서 그 10개의 안타가 내게는 너무 소중했지만 나를 지켜보며 격려하는 사람은 거의 없었다."라고 답했다. 연습 과정이나 실제 경기 모습은 보지도 않고, 숫자와 결과만으로 판단하며 아는 척만 하는 사람에게 진심 어린 이야기를 들려줄 수 없다는 그의 태도는 어쩌면 당연하다.

현 뉴욕 양키스 GM의 고문으로 있는 전 프로야구 선수인 마쓰이 히데키(松井秀喜)[15]는 요미우리 자이언츠 소

---

[15] 일본의 전 프로야구 선수로, 뉴욕 양키스 소속 선수 시절 '고질라'로 불리며 위력을 보였고, 미일 통산 500홈런이라는 대기록을 세우기도 했다.

속 시절 시즌 중에 가끔 나가시마 시게오 감독 방으로 불려 가 스윙 연습을 했다고 한다. 스윙하는 동안 두 사람은 한 마디도 나누지 않는다. 아니 그보다는 스윙 소리로 대화했다는 표현이 적절할지 모르겠다. 마쓰이 선수의 이야기에 따르면 방망이를 휘두를 때 '획' 하는 소리가 나면 안 되고, '휴웅' 하면서 공기를 가르는 듯 날카로우면서도 높은 톤의 소리가 나야 합격이었다고 한다. 말 한마디 없이 스윙 소리만으로 가득한 시간이라니, 진정한 프로 간에만 가능한 대화가 아닐까.

자, 이제 다시 하스미 시게히코와 고다르의 이야기로 돌아가 보자. 하스미는 이렇게 운을 뗐다고 한다. "선생의 영화는 대부분 상영 시간이 1시간 30분 정도로 짧은데, 그 이유가 당신의 직업적 윤리관 때문입니까?"

이는 정말 더할 나위 없이 훌륭한 질문이었다. 무엇보다 상대가 현재 가장 마음을 쏟고 있는 작업(필름을 잘라서 잇는 편집 작업)과 가장 밀접한 내용이었고, 고다르의 과거까지 제대로 파악하고 있지 않으면 떠올릴 수 없는 질문이니 말이다. 더불어 길고 장황하게 이야기를 끌고 나가려는 현 영화계의 문제점에 대한 인식을 내비치며 상대방의 프로 의식을 자극했다.

　공들여 찍은 멋진 장면이 담긴 필름을 잘라내야 하는 아픔은 프로만이 이해하는 고통이다. 일반인들은 그저 눈에 보이는 영상만 감상할 뿐, 잘려 나간 부분에는 상상력을 발휘하지 않는다. 그뿐 아니라, 결국 아무에게도 보이지 않지만, 찍은 사람의 애정이 가득 담긴 존재가 있음에 마음을 쓸 줄 아는 사람이라면, 처음 만난 사람이라도 동지와 다름없다.

　이 질문은 완전히 고다르의 가슴에 꽂혀, "맞죠, 정말 속 시원한 이야기를 꺼내주셨네요. 요즘 젊은 감독들을 보면 3시간도 넘는 영화를 제대로 거르지도 않고 다 내보낸단 말이죠. 본인은 좋을지 모르겠지만, 관객 입장에서는 오히려 제대로 편집된 1시간 30분짜리 영화를 두 편 보는 게 더 낫지 않을까요. 도무지 프로 의식이 있는 건지 의심스럽다니까요." 하는 뉘앙스로 열띤 대화를 이어 나갔다고 한다.

　요컨대, '이 사람은 이야기가 좀 되겠군.' 하는 느낌을 주지 않으면 좋은 대화를 끌어나갈 수 없다는 말이다. 열정적인 대화를 원한다면 두 사람 모두 그만큼의 열정이 있어야 한다. 차갑게 식어있는 상대에게 자신의 온기를 나눠서라도 대화를 이어간다는 것은 참된 교육자에게나 바랄 수 있는 이상적인 방법이다. 현실에서는 질문자가 가진 열정의 밀도와 실력이 답변의 질을 좌우하는 경우가 대부분이다.

따라서, 당장은 쉽사리 질문을 던지기 어려운 분위기라 해도 그리 주눅들 필요 없다. 주변에서 질문을 잘하는 사람이 던지는 물음이나 행동을 잘 보고 들으며 '기술을 훔치는' 연습을 하다 보면, 머지않아 예리하고 적확한 질문이 가능해지는 날이 올 것이다.

"자신이 무엇을 알고 싶은 건지 본인도 모르면서 질문을 해오는 학생들이 가장 어렵다."고 한탄하는 교사의 이야기를 들은 적이 있다. 하지만 정작 자신이 무엇을 알고 무엇을 모르는지, 그렇기에 묻고 싶은 점이 무엇인지 명확히 아는 사람은 이미 일정 수준에 도달해 있다는 뜻이므로 가르칠 부분이 별로 없다. 오히려 학생들의 '질문력'을 얼마만큼 향상할 수 있는지 고민하는 것이 제대로 된 교육자가 갖추어야 할 소양이리라.

리더의 코멘트 능력

지도자의 코멘트 능력은 선수를 보는 안목을 통해 발휘된다. 해머던지기 종목에서 16년 동안이나 정상의 자리를 지키며 아시아의 철인으로 불렸던 무로부시 시게노부(아시안 게임에서 5연패를 달성했다)가 아들인 무로부시 고지를 지도하던 때의 의식은 그야말로 눈이 부시다. 그들의 연습 현장은 쓸데없는 말이 끼어들 틈 없이 침묵으로 가득했다. 그곳에서 시게노부가 하는 일이란 묵묵히 아들을 지켜보는 것뿐이었다. 그리고 이렇게 말한다.

"말하는 것이 아니라 보는 것, 이것이야말로 지도자의 진정한 역할입니다. 머릿속에 떠오르는 생각들을 말로 쏟아버려서는 안 돼요. 기술의 수준은 그날그날 달라집니다. 시간에 따라 그리고 그날 집어 든 해머에 따라서도 조금씩 달라지죠. 그 정도로 섬세한 움직임 속에서 스스로 안정을 찾아가는 것이 해머라는 운동이지요. 그러니 묵묵히 그리고 제대로 지켜봐야 해요."

무로부시 시게노부에게 지도란 '조용히 지켜보는 것'이라 했다. "그러나 조용히 지켜본다는 것은 그저 멍하니 바라보는 것이 아닙니다. 지켜보면서 코멘트할 타이밍을 기다리는 거지요. 가령 선수의 동작이 잘못되었더라도 그것이 이후에 어떤 형태로 기술에 반영되는지 지켜봐야 합니다. 일시적인 상황만으로 판단해서는 안 되지요. 언제 어떤 조언을 해야 할지 적절한 때를 기다리는 겁니다."

그가 말하는 타이밍이란 만조가 차오르듯 선수 본인에게도 과제가 눈에 들어오는 순간이다. 그때까지는 지도자가 먼저 이야기하지 않는다. "내가 먼저 해머 이야기를 한 적은 단 한 번도 없어요. 그렇지만 선수가 무언가 질문할 때는, 일단 빠짐없이 모두 대답해야 합니다. 코멘트할 타이밍이 오기까지 설령 1년이 걸린다고 해도 나는 기다립니다. 지도자로서 나 스스로 항상 되묻는 것은 내가 과연 적절한 준비를 하고 있는지입니다."

여기에서 말하는 지도자의 '코멘트 능력'이란 일반적인 일방통행식 전달과는 정반대의 것이다. 선수들을 꾸준히 지켜보면 일반론적 측면으로는 잘못된 동작인 듯 보여도 그 선수의 전체 경기 스타일 면에서는 합리성이 있을 때가 많다. 단순히 부정적 영향을 미치는 나쁜 버릇인지, 아니면 전체적으로 봤을 때 오히려 긍정적 효용이 있는

'기술'인지를 제대로 파악해야 한다. 이것은 개별적이고 대화 중심적 관점에서의 견해일 뿐 일반론적인 것은 아니다.

단순히 나쁜 습관을 교정하기 위함이라면 개별적이고 대화 중심적인 관점의 지도자가 아니어도 상관없다. 그러나 그런 지도자는 습관을 교정하여 장점으로 승화시킬 수 있는 여지까지 없애버릴 수 있다. 훌륭한 지도자는 습관을 기술로 바꿀 수 있는, 즉 '습관의 기술화'라는 관점을 갖추어야 한다.

기술이냐 인성이냐. 이 이분법적 논리 역시 리얼리티를 놓치기 쉬운 명제다. 기술과 동떨어진 인간성만을 논하면 발전이 없다. 반면에 기술 편중 주의의 오류에 빠지면 메마른 느낌만 남는다. 무로부시 시게노부는 예의의 중요성에는 충분히 공감하면서도 "예의가 있어야 기술이 향상한다."라는 주장에는 다음과 같은 비판적 견해를 밝힌 바 있다.

"그런 틀에 박힌 예절 교육은 오히려 선수들에게 정신적인 스트레스만 줍니다. 지도자란 '이렇게 하면 좋겠다.' 정도의 기술적 힌트나 조언을 통해 선수 본인이 가진 역량 이상으로 성장할 수 있도록 도와주는 사람이어야 합니다.

나는 오히려 엄격한 예절에 과감히 맞서야 성장할 수 있다고 생각해요. 높은 수준의 기술을 추구하는 사람은 기술이 쌓인 후에야 정신이 따라오기 마련입니다. 이와 반대로 정신에 얽매인 사람은 경기하는 선수로서의 벽을 넘기 어렵습니다."

물론 기술적 발전이 정신적인 성장을 보장한다고 단정할 수는 없다. 단순한 기술 추구뿐 아니라 대화 중심적인 관계가 성립할 때 정신적 성숙이 촉진된다. 여기에서 대화 중심의 지도란, 막연하게 인생론적인 잔소리를 되풀이하는 식의 지도가 아니라, 구체적인 기술을 대하는 인식을 하나하나 공유하는 것을 뜻한다. 이런 과정을 거치면서 지도자와 선수 사이에는 두터운 신뢰가 쌓인다. 이러한 관계 속에서는 가볍게 방향성을 제시하는 한마디가 성장에 중요한 밑바탕이 될 수 있다. 앞서 무로부시의 지도 방법은 말하지 않는 것이라고 했지만, 그래도 가끔은 "음, 좋아졌어."라는 말 정도는 한다. 이 한마디 말에도 선수는 새로운 힘을 얻는다.

최고의 시절을 되찾다

일본 노르딕 스키의 간판이었던 오기와라 겐지는 현역 시절 외국 선수들이 외계인이라고 부를 정도로 월드컵을 석권하며 위력을 뽐냈다. 외국에서는 오기와라의 V자형 점프 기술을 면밀히 분석하며 바짝 쫓아왔다. 그 무렵부터 오기와라 겐지는 점프 기술에 난조를 보이기 시작하더니, 급기야 자세까지 망가져 버렸다. 이런 일련의 과정을 오기와라 겐지는 다음과 같이 회고한다.

"지금 생각해 보면 전성기 저의 점프 기술은 완벽에 가까웠어요. 하지만 무리해서 더 좋은 자세를 찾으려다 자세가 완전히 엉망이 되고 말았죠. 아쉽게도 그때의 저에게 '지금의 자세가 완벽하니 바꿀 필요 없다.'고 말해주는 사람이 없었어요. 그런 사람이 한 명이라도 있었으면 그렇게 깊은 슬럼프에 빠지는 일은 없었을 거예요." 그의 날카로운 분석은 무척 인상 깊었다. 여기에서 우린 '바꿀 필요가 없다.'는 코멘트를 주는 힘도 지도자에게는 중요한 역량이라는 점을 알 수 있다.

자신의 전성기 시절 퍼포먼스를 기억해 주는 사람. 이

런 사람은 그 무엇과도 바꿀 수 없이 귀한 존재다. 그렇다고 해서 그가 반드시 자신보다 역량이 높은 사람일 필요는 없다. 코치나 감독이 아닌 친구라도 상관없다. 조언자로서 '무엇을 어떻게 고쳐야 하는가?'를 알려주는 것도 중요하지만, 반대로 바꾸지 않아도 되는 것 또는 절대 바꾸어서는 안 되는 것을 과감하게 이야기해 주는 일도 대단히 중요하다.

타격 투수는 이런 존재의 대표적인 예라고 할 수 있다. 타격 투수란 선수들의 배팅 컨디션을 조절하기 위해 공을 던져주는 일을 담당하는 사람으로, 기본적인 기술은 타자들 중앙으로 직구를 던져주는 것이다. 하지만 공의 움직임이라는 것은 워낙 민감하여 미묘한 요소에도 달라지기 때문에 정중앙으로 꾸준히 직구를 던져주는 것이 쉬운 일은 아니다. 타격 투수에게는 이 기본적인 기술 외에도, 타자들의 베스트 컨디션을 잘 기억했다가 그 선수가 최고의 기량을 발휘하는 데 적합한 공을 연구하여 던져줄 책임도 있다.

선수들이 정상 컨디션을 회복하려면 어떤 선수에게는 바깥 코스로 높게 날아가는 직구를 던져야 하는 경우도 있고, 약점을 극복할 수 있도록 안쪽 코스로 낮게 던져야 하는 선수도 있다. 단순히 투수 자신의 컨트롤 기술만으로 해낼 수 있는 영역이 아니다. 타자의 습관을 파악하여 그가 베스트 기량을 유지할 수 있도록 공을 던져주는 능력도 필요하다. 공 한 개 한 개를 던질 때마다 상대방의 컨디션과 수준을 향상해 주는 관계야말로 진정 창의적인 관계라 할 수 있다.

자신의 경기 스타일을 확립해 나가는 과정을 함께 할 파트너가 존재한다는 것은 더없이 소중한 일이다. 요미우리 자이언츠의 구와타 마스미는 탁월한 야구 감각과 진지함, 그리고 합리적인 연습 태도로 높이 평가받는 투수다. 구와타는 오른쪽 팔꿈치의 인대 파열로 수술을 받았다. 수술 후 혹독한 재활치료를 견뎌낸 끝에 재기에 성공한 그가 위대한 선수임은 틀림없지만, 그를 성공으로 이끈 창의적인 존재가 있었기에 가능했다는 사실도 부인할 수 없다.

구와타 마스미는 프로 선수로서는 약간 왜소한 체격이었기 때문에, 자신의 부족함을 채우기 위해 피나는 연습과 연구를 지속했다. 전성기 시절 구와타의 투구는 관중을 사로잡기에 충분했다. 기백과 기술, 두뇌와 신체가 하나가 된 듯한 기분 좋은 긴장감이 그의 공에서 뿜어져 나와 관객들에게까지 전달되었다. 그러나 구와타의 오른쪽 팔꿈치에는 이미 걷잡을 수 없을 만큼 피로가 쌓여가고 있었다. 그리고 결국 타자가 친 공을 다이빙 캐치 하는 순간 오른쪽 팔꿈치에 결정적인 부상을 입고 말았다. 야구를 향한 넘치는 의욕과 감각이 만들어낸 비극이었다. 수술을 받은 구와타는 절망과 초조함의 나날을 보내면서도 1년간의 재활치료에 안간힘을 쏟았다. 하루도 빠짐없이 외야 쪽 펜스를 따라 달리고 또 달린 탓에 그쪽 잔디가 모두 벗겨질 정도였고, 동료들은 그 길을 구와타 로드라고 불렀다.

구와타의 생명줄은 '풋' 하고 깔끔하게 뻗어 가는 낮은 공이었다. 그러나 그 시절의 공은 좀처럼 돌아오지 않았다. 그는 마침내 마지막 도전이라는 각오로 고교 시절 PL가쿠엔에서 함께 야구하던 이마쿠루스 포수를 찾아가 자신의 파트너가 되어 줄 것을 부탁했다. 구와타가 이마쿠루스를 선택한 이유는 무엇일까.

"저의 시그니처였던 낮고 빠른 공을 다시 던지느냐 못

던지느냐에 따라 제가 예전으로 돌아갈 수 있을지 이대로 주저앉을지 결정이 나겠죠. 만약 그 공을 던질 수 없으면 저는 다른 투수들과 다를 것이 없어요. 그 공을 던질 수 있어야 다시 독보적인 선수로 설 수 있다는 생각이었어요. 이마쿠루스 선수는 3년 동안이나 제 공을 받아온 친구라 그 시절 저의 공을 누구보다 잘 알고 있지요. 여기 호주에 있는 동안 딱 한 번이라도 좋으니 그 공을 던질 수 있다면, 저는 자신감을 가지고 미야자키로 돌아갈 수 있습니다. 저의 마지막 도전이자 도박인 셈이죠.”

부활을 꿈꾸는 그가 선택한 사람은 자신의 베스트 기량과 구질을 훤히 알고 있는 옛 동료였다. 그 사람이라면 자신이 무엇을 원하고 목표로 하는지 말하지 않아도 알고 있을 터다. 현실에서 벗어난 부분이 있다면 피드백도 받기 쉬우리라. 연습에서 원하는 공을 던지지 못하면 구와타가 직접 이마쿠루스에게 다가가 공을 받아왔을 정도였다고 한다. 그리고 구와타는 마침내 머릿속에 있던 그 공을 다시 던져냈다.

“머릿속에 그린 대로 공이 낮게 쭉 뻗어 가는 순간 ‘이거다!’ 하는 느낌이 들었어요. 이마쿠루스 역시 바로 감이 왔는지, 잡는 순간 제게 '이거지!' 하는 듯 환한 미소를 보여주더군요. 서로 마음이 통했다고나 할까요. 일단 한 번이라도 그 공을 던질 수 있으면 그다음은 아무 문제가 없어요. 방법을 알았으니 연습해서 성공률을 높이면 그만이죠. 만약 단 한 번도 성공하지 못하고 이대로 끝나버리면 어쩌나 하는 초조함을 훌훌 털어버릴 수 있었습니다."

한때 그라운드를 호령하던 그 공이 다시 던져진 순간, 두 사람은 아무 말 하지 않아도 알 수 있었다. 이렇듯 언어를 초월한 감각을 공유하는 것, 이는 인생 최대의 축복이자 환희의 순간일 것이다.

틀과 오류

자기 습관이나 스타일을 제대로 이해하고, 적재적소에 충고를 아끼지 않는 파트너 또는 스승을 옆에 두는 것도 숙달에 이르는 비결 중 하나다. 하지만 실제로는 가까이에 이런 존재가 없거나 때로는 모든 연습 과정을 혼자해내야 하는 경우도 흔하다. 이런 상황에서 진정한 가치를 발휘하는 것이 바로 '틀(자세)'이다.

'틀'은 변함이 없다는 속성을 가진다. 그러나 우리 인간의 몸과 마음은 고무줄처럼 늘어났다 줄어듦을 반복한다. 물론 이러한 변화는 수준 향상을 견인하는 동기로 작용할 수도 있지만, 단순히 '기복' 수준에 머물고 마는 일도 허다하다. 반복적이고 끈기 있는 연습으로 습득한 틀은 이러한 오류를 재수정하는 기능이 있다. '무엇이 얼마나 잘못되었나'라는 정보를 여러 번 피드백할 수 있다는 점이 틀의 장점이다.

요즘은 영상 기술이 발달하여 자신의 자세나 플레이 장면을 녹화하고 계속 모니터링하면서, 스스로 퍼포먼스를 체크하고 수정해 나가는 방식의 훈련이 주를 이룬다. 메이저리그에서 활약한 하세가와 시게토시 투수는 빅 리그로 건너간 이후 한층 성장한 선수다. 그는 원래도 컨트롤이 좋은 선수였지만 좀 더 완벽한 컨트롤을 위해 자신의 플레이를 녹화하여 보고 또 보면서 자신을 철저하게 분석했다. 팀 동료들이 '컨디션도 좋은데 연습은 안 하고 왜 모니터링만 하고 있나'라며 냉소를 보낼 정도로 철저하게 지속했다고 한다.

모니터링 정도야 누구나 가능한 듯 보이지만, 실제로는 상당히 어려운 작업이다. 그도 그럴 것이 시각적 정보를 신체적 감각으로 파악할 수 있도록 평상시에 감각을 쌓아두지 않으면 본질적인 성과를 얻을 수 없기 때문이다.

영상을 통한 모니터링은 평소 타인만이 볼 수 있는 자기 모습을 객관적으로 분석, 관찰할 수 있다는 점에서 획기적인 도구다. 이를 활용하면 평소에는 별생각 없이 넘겨버리던 실수를 발견할 수 있다. 하지만 영상이라는 도구로 풍부한 의미를 끌어내기란 쉬운 일이 아니다. 물론 녹화된 영상 자체에 담긴 정보가 부족해 성과가 작은 경우도 있지만, 영상이라는 매체에서 자신에게 필요한 '의미'를 끌어내기 위한 관점이나 감각이 부족하여 어려움을 겪는 일도 적지 않다.

스포츠 분야의 프로 선수들이 본인의 자세를 체크하는 경우를 예로 들어보자. 어떤 선수는 불과 몇 센티미터밖에 되지 않는 차이까지 정확히 잡아낸다. 이는 그 선수가 항상 해당 부분에 관심이 있었고, 이미 그렇게 미세한 오차까지 실감할 수 있을 만큼 신체 감각이 적응해 있었기에 가능한 일이다. 반면에 어떤 선수는 녹화 영상을 보며 코치의 피드백을 통해 깨닫기도 한다. 이렇듯 모니터링을 통해 오차나 수성할 점 등의 '의미'를 얻는 것도 하나의 기술인 셈이다.

아무리 자기 모습을 찍은 영상이라고 해도 거기에서 무언가를 '훔쳐낸다'는 마음으로 분석적으로 파헤치지 않으면 원하는 만큼의 성과를 기대할 수 없다. 기술 연구나 모니터링을 위해 수없이 녹화하지만, 철저한 분석은커녕 방치되어 무용지물이 되는 자료들도 많다. 이런 일이 자주 발생하는 것은 영상 그 자체만으로 충분히 현실 고증이 된다는 맹신과 영상에서 또 다른 의미와 기술을 찾아야 한다는 의식의 부재가 원인이다.

사진도 마찬가지다. 나는 사진을 신체론적인 관점에서 분석할 기회가 많다. 그런 경우, 들여다보고 있으면 이야기 소재가 무궁무진한 작품도 있지만, 그렇지 않은 사진도 있다. 내가 말하는 의미가 충실한 사진이란, 디테일한 부분까지 의미가 함축된 작품을 가리킨다. 기무라 이헤이

(木村伊兵衛)[16]나 도몬 겐(土門拳)[17]처럼 거장이라 불리는 사진 작가들의 사진을 분석하다 보면 아주 디테일한 부분까지 무언가 이야기를 담고 있다는 점을 발견하게 된다.

하루는 어부바를 주제로 한 사진을 찾다가 기무라 이헤이가 찍은 쇼와 시대 시장의 장 보는 풍경 속, 아이를 등에 업은 여인 대여섯이 모여있는 사진을 발견했다. 아무리 어부바가 일상이던 시대라고는 해도, 저 정도 숫자가 파인더 안에 담길 만큼 가깝게 모여있던 순간은 찰나였을 것이다. 우연의 일치라 할 만한 이 순간은 의도적인 준비가 없었다면 담을 수 없는 장면이리라.

언뜻 볼 때는 별다를 것 없이 일상을 담은 사진처럼 보여도, 충실한 의미가 담긴 작품이 있고 단순히 일상 기록쯤인 사진도 있다. 사진 자체의 충실함 못지않게 작품을 감상하는 이의 관점도 중요하다. 사진에 담겨있는 '의미'를 발견하려는 적극적인 의식이 있어야 더 많은 이야기

---

16 일본의 다큐멘터리 사진작가. 일본 근대사진사를 개척한 전설적인 인물로 기무라 이헤이 사진상은 일본에서 가장 권위 있는 사진상으로 신인 작가들의 등용문으로 여겨지고 있다.

17 일본의 사진작가. 일본 근대사진의 아버지로 불리며, 리얼리즘에 입각한 보도사진이 주를 이룬다.

를 발견할 수 있다. 기무라 이헤이의 어부바 사진처럼 명확한 주세가 있는 작품이라도 그것을 민속학이나 신체론적 관점에서 접근하지 않는다면 복잡한 시장 풍경 사진에 불과할 것이다. 사진의 가치와 의미는 보는 이의 관점과 사진 속 요소들이 이야기를 나누듯 대화 관계를 유지할 때 비로소 명확해진다.

여기서 숙달의 비결에 관한 힌트를 하나 더 얻을 수 있겠다. 그것은 내적(주관적)인 관점으로 느낄 수 있는 것과 외적(객관적)인 관점으로 파악할 수 있는 정보의 조화다. 니시테쓰 라이온즈의 에이스 투수였던 이나오 가즈히사는, 전성기 자신의 투구 자세를 머리 위에서 내려다보는 듯한 이미지로 떠올릴 수 있었다고 한다.

물론 이미지를 떠올린다는 것은 뇌 속에서 일어나는 작용이다. 영상으로 찍어서 확인하는 것이 아니라 머릿속에 떠오르는 이미지만으로 자신의 투구 자세를 객관적으로 인지한다는 것은, 숙달의 경지에 이른 사람에게만 가능한 작업이리라. 이런 경우, 본인의 내적인 신체 감각과 감정, 그리고 자신을 외부에서 응시할 수 있는 시각적 영상 사이의 '통합'이 가능하다.

내적 감각과 시각적 정보를 개별적으로 처리하지 않고, 한 가지 현실을 다원적으로 접근하며 풀어가는 방식을 복수관점적 기술이라고 한다. 이런 기술을 바탕으로 만들어진 리얼리티는 의미가 충실하고 깊이가 있다. 현상학적 사회학자로 알려진 알프레드 슈츠는, 현실을 일원적으로 해석하지 않고 멀티 리얼리티(다원적 현실)로 인식하는 현상학적 관점을 제창했다. 예를 들어 아쿠타가와 류노스케(芥川龍之介)[18]의 소설 《덤불 속》[19]은 같은 현실을 공유하고 있는 세 사람이 저마다 다른 증언을 하는 상황을 묘사하면서, 현실 속 의미가 다원적임을 보여준다.

이견의 견

숙달이라는 관점에서 중요한 것은 주관적인 느낌과 객관적인 정보의 조화다. 말할 때도 듣는 사람의 입장에

---

18 일본의 소설가. 일본 문학사상 위대한 작가 중 한 사람으로 평가받는다.
19 영화 〈라쇼몽(In The Woods)〉의 원작 소설.

맞게 자신의 이야기를 조절할 줄 아는 사람은 성공적인 커뮤니케이션이 가능하다. 나만 해도 상대가 누구든 평소와 다름없는 말투와 빠르기로 쏟아내는 경향이 있어서, 살짝 흥분한 상태로 정신없이 떠들다 보면 1시간 반 정도 만에 기진맥진하기 일쑤다. 듣는 사람의 입장을 고려하여 자기 의견을 조절하며 드러내는 일에 서툴기 때문에 말하는 템포나 숨을 고르는 타이밍 같은 습관을 바꾸기 어렵다.

청중을 웃기고 싶다면 '틈'을 주라는 말이 있다. 내용이 재미있어도 웃음을 끌어내지 못하는 사람이 있는가 하면, 이야기 자체는 그리 신선하지 않아도 '틈'을 이용하는 기술이 탁월해서 후한 반응을 얻는 사람도 있다. 여기에서 말하는 '틈'이란, 자신과 타인 사이의 공감을 위한 시간인 동시에 숨을 고르기 위한 시간이다. 다시 말해, 이야기하는 주체로서의 자신과 타인의 시선에서 객관적으로 인식한 자신 사이의 차이를 좁혀가는 것이 대화를 원활히 끌어가는 기술이다.

중세 시대에 이미 조화의 기술을 개념화한 사람이 있으니, 그 주인공은 바로 제아미다.

그는 수필집 《도연초》의 저자인 요시다 겐코와 함께

중세 일본 숙달론의 거장이자 최고의 문학가이며 비평가다. 제아미가 주창한 '이견의 견(객관적 관점과 이웃한 주관적 관점)'이라는 개념은 관객에게 보여준다는 조건이 있어야 비로소 성립한다. 여기에는 '연기한다'라는 행위에 숙달하기 위해 본인 스스로 관객이 되어 자기 행동을 객관적으로 인식한다는 뜻이 숨어 있다. 이 '이견의 견'은 일본 숙달론의 백미인 동시에 현대인이 해결해야 할 과제기도 하다. 제아미의 저서 《화경》에 나오는 말을 원문 그대로 옮기면 다음과 같다.

"무대에서는 눈을 앞에 두고 마음은 뒤에 두라. 즉, 객석에서 보이는 곳에 있는 나는 이견이며, 나의 의식은 견이라. 이견의 견을 깨우치면 비로소 관객과 나는 같은 마음이 되리니."

언뜻 들으면 선문답 같아 이해하기 어려울지도 모른다. 그러나 이 글에서 제아미가 이야기하려고 한 것은 높은 수준의 아주 명백한 논리다. 연출가인 도모토 마사키의 《연극인 제아미》에 담긴 해석을 빌리면 대략 이런 내용이다.

"연기에 임하는 마음가짐 중 '목전심후'라는 것이 있

다. 이 말은 눈으로는 앞을 보고 마음은 뒤에 두라는 뜻이다. 이는 앞서 언급한 '무견풍채'의 마음가짐이다. 관객석에서 보이는 무대 모습은, 말하자면 자신에게 '이견'이다. 반면 자기의식은 '견'이다. 이것을 이견에 반대하는 개념으로 보아서는 안 된다. 이견에서 말하는 '본다'의 개념은, 관객들이 무대 위의 배우를 보는 것처럼 배우 자신도 같은 관점에서 스스로를 돌아볼 수 있다는 뜻이다. 자기 모습을 보기 시작하면 서서히 전후좌우도 인식할 수 있다. 자신을 둘러싼 사방을 보는 것은 그리 어려운 일이 아니지만, 뒷모습까지 보기는 어렵다. 하지만 오류의 위험성이 가장 큰 뒷모습을 자각하지 못하면 자신의 결점을 제대로 파악할 수 없다. 그러므로 '이견의 견'이라는 시선으로 관객과 배우를 일체화하면, 원래는 볼 수 없었던 부분까지 눈에 들어와 몸 전체적인 균형을 잡을 수 있을 뿐 아니라 아름다운 자세도 만들 수 있다. 이것이야말로 '마음을 뒤로 두라'는 참뜻이 아니겠는가. 다시 한번 이야기하지만, '이견의 견'을 진리로 분명하게 받아들이고, '눈은 눈 자체를 볼 수 없다'는 사실을 자각하여 전후좌우를 제대로, 그리고 자연스럽게 볼 수 있도록 노력해야 한다. 부디 자신도 아름다운 꽃잎에 영롱한 구슬이 맺힌 듯한 연기를 할 수 있다는 사실을 몸소 체험하기를 바란다. 이것이야말로 증거다."

기술과 상상력

"눈은 앞을 보고 마음은 뒤로 두라."는 말은 신체적 감각을 포함한 표현이다. 자기 본위의 독선적인 자세로 일을 진행하다 보면, 의식은 잠식해 버리기 쉽다. 그럴 때 잠시 '틈'을 두고 숨을 크게 들이마셨다가 천천히 내뱉어 보자. 그러면 잠들어 있던 의식이 깨어나고, 마음이 뒤에 놓인 감각을 맛볼 수 있게 된다. 이것은 현재 자신을 둘러싸고 있는 생생한 시공간에서 한 발짝 떨어져 나와 냉정하게 상황을 파악할 수 있는 기법이다.

축구 경기에서 절묘한 패스를 구사하는 선수를 흔히 "시야가 넓다." 또는 "관중 시각에서 필드 전체를 내려다보는 안목이 있다."라고 평가한다. 그러나 시야가 넓다는 것은 결코 신비스러운 능력이 아니라, 항상 주변을 넓게 의식하고 시선을 두는 습관으로 하여금 발휘할 수 있는 기술이다. 어떻게 습관을 들이느냐에 따라 시야를 얼마든지 넓힐 수 있다.

게다가 스포츠의 경우, 눈앞에 펼쳐진 그라운드의 풍경이라는 것은 단순히 객관적인 속성의 것이 아니다. 자신이 직접 참가하여 행하는 플레이에 따라 상황을 바꿀 수 있는 성질의 풍경이다. 즉, 자신이 가진 기술의 종류와 숙달도에 따라 보이는 풍경의 질서도 얼마든지 달라질 수 있는 것이다.

예를 들면 전 요코하마 F. 마리노스팀 소속의 나카무라 스케 선수처럼 궤적이 바나나처럼 휘어지는 롱 킥을 정확하게 구사하는 선수는, 그런 기술을 익히지 못한 선수들이 상상할 수 없는 어려운 공의 궤도를 마음껏 상상해 볼 수 있다. 곧 벌어질 미래의 순간을 만들어내는 선택지가 그만큼 많아진다는 뜻이다. 스포츠 분야에서는 기술과 상상력이 강력하게 연관되어 있다.

스포츠를 하면 오히려 뇌가 발달한다. 멋진 퍼포먼스를 펼치려면 고도의 정보 처리 능력이 필요하기 때문에 운동을 하면 자연스럽게 두뇌가 단련된다는 점이 이 명제를 뒷받침한다. 구체적인 예로 마쓰오카 세이고(松岡正剛)[20]가 나카타 히데토시(中田 英寿)[21] 선수에게 내린 분석을 들 수 있다. 그는 나카타의 플레이를 정보 처리 능력의 관점에서 해석했다. 나카타가 펼치는 플레이의 매력을 '빠른 속도로 다가오는 모순을 순간적이면서도 연속적으로 처리해 나가는 그의 육체'라고 극찬하며 다음과 같이 덧붙였다.

"그의 오른쪽 어깨는 오른쪽을 향하고 있으면서도 왼쪽에서 날아드는 공을 완벽하게 처리한다. 하나의 신체가 여러 개의 운동 방향을 공유하고 있는 것이다. (중략) 매우 빠른 속도로 갈등과 모순이 증가하지만, 나카타의 눈에 띄면 순간순간 제거된다. 다면적인 순간을 컨트롤해 나가는 나카타를 보고 있으면, 말보다 몸이 더 빠르다는 말을 눈으로 확인하는 느낌이다. (중략) 그는 경기 중에 근육이 뭉치거나 경련이 일어나는 일도 드물다. 보통 축구 선수들은 격한 몸놀림에서 몸의 밸런스를 유지하기 위해 본

---

20 일본의 작가. 대표 저서로 《독서의 신》 등이 있다.

21 일본의 전 프로축구 선수. 현재 국제축구평의회(IFAB)의 자문 위원으로 활동하고 있으며, 2002 한일 월드컵에 참가해서 1골 1어시스트를 기록하여 일본의 사상 첫 월드컵 16강 진출에 기여했다.

능적으로 체내에서 갈등이 일어나는데, 이는 근육 경련을 유발한다. 그런데 그는 이런 갈등조차 거뜬히 컨트롤해 낸다. 그래서일까, 그는 항상 평정심을 유지하는 듯 보인다."

실제 그의 경기 모습을 떠올려 보면 '빠른 속도로 다가오는 모순을 순간적이면서도 연속적으로 처리해 나가는 그의 신체'라는 표현이 매우 절묘한 묘사라는 점을 알수 있다. 동시에 육체노동 대 정신노동이라는 이분법적 논리를 뛰어넘은 이미지가 눈앞에 펼쳐진다. 모순을 재빠르게 판단하고 동작으로 처리하는 능력을 향상하려면, 그것을 명확히 인식하고 과제로 규정하여 단련해야 한다. 평소 '통찰력'과 '균형'을 주제로 삼아 늘 의식하다 보면 자연스럽게 기술로 자리 잡게 된다. 이것이 바로 '상상력'의 모태다. 이 단계에 이르면 숙달의 보편적 원리는 영역을 초월하여 모든 분야에서 통용하게 된다.

제3장

'동경'을
동경하는
마음

자기만의 스타일로 변형

'숙달의 비결'이라는 관점에서 보았을 때, 앞서 인용한 야마다 히사시 선수의 '야마다 표 싱커'라는 말은 매우 중요한 의미를 함축한다. 사람의 신체와 관련한 기술의 경우, 각자의 신체적 특성에 따라 조금씩 다르게 변형되어 기술로 자리 잡는다. 물론 기술은 어느 정도 객관성이 있는 개념이기 때문에 많은 사람이 공통으로 인식할 수 있는 속성을 가진다.

그러나 기술이 한 개인의 특기로 자리 잡는 과정을 들여다보면, 각자의 신체적 특성에 따라 미묘한 변형이 발생한다. 이 미묘한 변형을 항상 의식하고 연구해 두지 않으면 원하는 기술을 몸에 익히는 데 걸림돌로 작용할 수 있다. 싱커라는 기술을 연습할 때도 사람마다 손가락 길이도 다를 뿐더러 팔을 휘두르는 속도와 각도도 제각각이기 때문에, 모든 사람이 완전히 똑같은 싱커를 재현할 수는 없다.

여기에서 중요한 점은 똑같은 싱커를 던지려 했으나 결과적으로는 다른 싱커를 익히게 되었다는 사실이 아니라, 처음부터 상대방과 자신의 차이점을 명확하게 인지하고 연습에 임한다는 점이다. '내 속에서 이 기술이 어떤 변형 작용을 일으키는가?'를 정확하게 인식하는 능력이 숙달의 관건이다. 결국 이 능력이 자신만의 스타일을 완성할 수 있는 결정적 힌트이기 때문이다.

기본기나 틀을 익힐 때 자신도 모르는 새 잘못된 방법이 몸에 배는 경우가 있는데, 이를 '버릇'이라고 한다. 버릇은 본인이 기본을 벗어난 오류를 범하고 있다는 사실을 미처 깨닫지 못한 상태에서 몸에 익기 때문에 수정하기 힘들다. 기본자세나 틀을 수없이 반복하는 이유는 무의식중에 발생하는 오류에 민감하게 반응할 수 있고, 그 오류를 수정하는 인식 능력을 키우기 위함이다.

'나는 지금 무엇을 위해 이것을 하고 있는가?'라는 물음에 분명하게 대답할 수 있는 인식력을 다져 가는 것이야말로 숙달의 비결이다. 이 인식력은 마치 손쉽게 배율을 바꿀 수 있는 현미경이나 망원경과 같은 것이다. 예를 들어 공을 칠 때나 던질 때의 팔꿈치와 손목의 관계를 보는 것은 미시적 관점이다. 반면에 특정 기술이 자신의 전체 경기 스타일에서 어떤 역할을 담당하는지 분석하는 것은 거시적 관점이다. 미시에서 거시에 이르는 광범위한 영역을 넘나들며 배율을 조율하는 과정에서, 목적하는 기술을 찾아내고 그 기술을 완전히 자기 것으로 만드는 것이 중요하다.

대부분 기술이라는 것은 제각각 독립적으로 습득하는 것이 아니라, 이미 일정 수준에 도달한 기술적 시스템 속에 녹이는 것이다. 그러므로 어떤 기술이 가진 가치와 의미는 그것을 둘러싸고 있는 다른 기술들과의 관계를 바탕으로 달라진다. 다시 싱커를 예로 든다면 포볼을 내주기 위한 것인지 아니면 헛스윙을 유도하기 위한 싱커인지에 따라 그 의미가 달라진다.

무엇을 위해 그 기술이 필요한가. 그 기술은 자신이

가진 전체 기술 속에서 어떤 위치를 차지하고 있는가. 이렇듯 과제를 명확히 인식하게 하는 거시적 관점은 기술 숙달에서 중요한 역할을 담당한다. 명확한 목적의식이 구체적이고 능동적인 고민을 유발하기 때문이다. 만약 어떠한 목적의식도 없이 무조건 타인의 기술을 흉내만 낸다면 '수박 겉핥기'에 머물고 만다. 기술을 습득하는 기본 원리는 마치 양복 디자인과 같다. 실제로 옷을 만들 때 각자의 체형에 맞게 디테일을 조정하는 것처럼, 기술을 습득할 때도 기본에 충실하되 상황에 맞게 변형하고 조절하는 과정이 원활할 때 최대한의 효과를 얻을 수 있다.

버릇의 기술화

버릇은 퍼포먼스의 본질과 상관없는 부수적 요소라는 인식이 강하며, 결과적으로 제로 또는 마이너스 효과만 낳을 뿐이라고 평가받기 일쑤다. 그러나 장점과 단점은 동전의 앞뒷면과 같이 한 몸인 경우가 많다. 버릇을 의식적으로 고쳐서 없애고 나니 장점까지도 희박해지더라고 하는 경우도 있으니 말이다. 반대로 퍼포먼스의 수준을 떨어뜨리는 버릇은 반드시 고쳐야 한다.

콜레스테롤이 건강에 도움이 되기도 하고, 건강을 해치기도 하는 것처럼 버릇에도 장단점이 있다. 즉 나쁜 버릇이 있는 한편 좋은 버릇도 있다. 정확하게 말하면 버릇의 장단점은 기술 습득이나 숙달의 과정 전체라는 관점에서 평가해야 한다. 이렇게 통합적인 관점에서 버릇의 장단점을 파악하는 일이 기술화의 관건이다.

여기에서 좀 더 자세히 들여다보고 싶은 부분은 '버릇의 기술화'라는 사고방식이다. 무예나 예술 분야에서는 자기 버릇을 완전히 없애고 새로운 기술을 익히는 것이 엄격한 '틀'이다. 이것은 오래되고 낡은 집을 철거하고 다시 터를 닦아 튼튼한 집을 짓거나, 또는 대지진 등의 자연재해로 폐허가 된 곳에 인공적인 도시를 계획함으로써 재건하는 작업과 비슷하다. 전통 예술처럼 틀이나 형식이 뚜렷하고, 예부터 축적된 경험이나 지식이 중요한 영역에서는 상당히 설득력이 있는 이야기다.

그러나 꾸준히 변화하고 발전하는 영역이나 독창성을 중시하는 영역에서는, 기본을 유지하면서도 자신의 버릇을 기술로 승화해 나가는 방법도 매우 효과적이다.

일반적으로 인간성이란 방대한 버릇과 습관의 집합체를 가리킨다. 이러한 버릇이나 습관은 복잡미묘하게 얽혀 있다. 연립주택이나 기존 건물에 증축한 공동주택처럼 복잡한 구조에는 저마다 역사적 사정과 배경이 있다. 버릇과 습관 전체를 버리는 것이 아닌, 전체적 관점에서 기술로 발전시킬 만한 가능성이 있는 것을 걸러내 훈련을 통해 독창적인 기술로 승화하는 것, 이것이 바로 '버릇의 기술화'라는 콘셉트이다.

물론 이 말 역시 내가 만들어낸 표현이기 때문에 다소 낯설게 들릴지도 모른다. 하지만 주변에서 '특기'를 뽐내는 사람들을 자세히 살펴보면 각자의 특기 이면에 '버릇의 기술화' 과정이 전제했다는 점을 알 수 있다.

예를 들어 '(어딘가에) 틀어박힌다'라는 동사를 생각해보자. 단어 자체는 플러스도 마이너스도 아닌 중립적인 의미를 가진다. 자신의 인생이 걸린 일생일대의 시험을 위해 집 안에 틀어박혀 공부에 열중한다거나, 중대한 경기를 앞두고 깊은 산 속에 틀어박혀 연습에만 몰두하는 일 등은 일상생활과 차단한 시간과 공간 속에서 오로지 목표에만 집중하는 것이다.

천성적으로 집에서 오래 머물며 생활하기를 즐기는 내향형 성향의 사람이라면 '칩거'하는 습성을 기술로 인식하고 어떠한 목적을 위해 활용함으로써 버릇을 기술로 바꿀 수 있다. '칩거의 기술'은 특히 작가들에게서 많이 볼 수 있다. 한곳에 오래 머물며 두문불출하는 생활에 적응하지 못하는 사람이 작가 생활을 지속하기 어려워하는 것도 모두 같은 맥락에서다.

이와 대조적으로 '은둔형 외톨이'가 되어 폐쇄적이고 소극적인 생활방식에서 벗어나지 못하는 것은, 단순한 버릇이자 습관이기 때문에 기술로 승화시킬 수 없다. 이들에게서 볼 수 있는 가장 큰 특징은 자신을 제대로 컨트롤할 수 없다는 점이다. '칩거' 생활을 그만두거나 지속하는 일을 자신의 의지에 따라 컨트롤할 수 있다면 그것은 '은둔형 외톨이'가 아니다. 자신의 그런 성향을 자유롭게 활용하여 은둔하지 않은 상황에서보다 창조적인 방향으로 발전을 이뤄나가야 비로소 '칩거'의 버릇을 기술로 승화했다고 할 수 있다.

사카구치 안고의 이야기

일본의 소설가이자 작가인 사카구치 안고는 자신의 버릇을 미리 숙지하고 여러 버릇을 기술로 발전시켜 자신만의 독창적인 스타일을 확립한 인물이다. 안고에게는 '칩거' 능력이 있었다. 그는 이 습성을 다른 작가보다 훨씬 더 의식적으로 실천했다. 본격적인 집필 작업에 들어가면 대부분을 집 안에 틀어박혀 보냈다. 그의 아내인 사카구치 미치요는 《부글부글 일기》에 다음과 같이 적고 있다.

"그는 너무도 규칙적인 사람이라서 새벽 5시만 되면 눈을 떠서, 7시쯤 내가 일어날 때까지 기다린다. 그리고 저녁 10시면 이미 한밤중이다. 집필 작업을 시작하면 취침 시간은 더욱 빨라져서 저녁 식사가 끝나면 잠이 들었다가 2~3시간 후에 깨어나 다시 일을 한다. 그리고 아침이 되어 내가 일어날 무렵이면 그는 다시 술을 한잔하고 잠자리에 들었다가 점심 때쯤 일어나 다시 일하는 식이다. 일 한 가지가 끝나기 전에는 며칠씩 외출은 고사하고 집 안에서 화장실만 겨우 다니는 정도로 움직임을 줄인다. 저러다 정말 달마 대사라도 되는 게 아닌가 하는 생각이

들 정도였다."

그토록 몰입하여 집필을 마치고 나면 이번에는 '방랑벽'에 몸을 맡긴다. '칩거'와 '방랑'이라는 완전히 상반하는 영역을 자유자재로 넘나들며 지내는 것이 사카구치 안고의 스타일이다. 타고난 기질과 소설가라는 자기 일을 절묘하게 조합함으로써 독창적인 자신만의 스타일을 완성했다.

"남편이 집을 나가는 경우는 두 가지밖에 없다. 나에게 화가 났을 때나, 한 달 넘게 집안에 틀어박혀 씨름하던 일을 끝내고 술을 마시러 나가는 경우다. 일단 집을 나갔어도 반드시 돌아오기는 하지만, 도대체 어디에서 무엇을 하는지 전혀 알 수가 없다."

사카구치 안고는 자신의 버릇과 약점을 정확하게 파악할 뿐 아니라, 무턱대고 그것을 고치려 들기보다 자신만의 무기로 만드는 데 활용했다. 《사카구치 안고 전집 7》에보면, 작품 완성을 위해 이런 시도를 한 적도 있다.

"지금까지 작품을 채 완성하기 전에 발표한 장편 소설은 모두 중단이라는 운명을 맞이했다. 이것은 나만의 버릇이자 기질이라 나도 어쩔 도리가 없다. 반대로, 완성하기 전까지 발표를 미뤄두었던 작품은 2, 3년씩 난항을 겪기는 했지만 모두 완성했다. 나는 그런 운명이 두려웠다. 그런 이유로 새로운 출판사 직원을 만나면 제목 같은 건 뭐든 상관없으니, 작품을 완성하기 전에는 절대 발표하지 말아 달라는 특별 주문까지 했다."

'작가 특유의 버릇이자 기질이니 어쩔 수 없다'는 식의 화법은 자신의 약점을 담담하게 받아들이는 사카구치 안고다운 유머러스한 표현이다.

사카구치 안고는 매사에 연구하고 새로운 시도를 즐기는 사람이지만, 근본적으로 '과열'되기 쉬운 성향이라 그는 항상 자기 몸을 실험실처럼 사용했다. 그는 워낙 건강한 체질에 단단한 신체를 타고나 만능 스포츠맨의 면모를 보였다. 하지만 무언가를 깨닫는다거나 훌륭한 작품을 구상하려 할 때면 스스로 무리한 과제를 부여한 탓에 신경쇠약 증세를 보였다.

"한번은 밤 9시에 갑자기 신경쇠약 증상이 나타난 적이 있다. 아무 소리도 들리지 않고 근육도 다 풀려버려 야구공을 10미터는커녕 1미터 앞까지도 던지지 못했다. 당시 무엇 때문에 그런 증상이 나타났는지 확실하게 기억나지는 않지만, 아마도 수면 부족 때문이었었던 것 같다. 나는 4시간만 자면 충분하다는 이론을 맹신하는 사람이었기 때문에 밤 10시에 잠자리에 들어 새벽 2시에 일어났다. 이런 생활을 1년 동안 반복하는 사이 몸이 망가져 버린 것 같다."

신경쇠약은 누구나 한 번쯤 경험할 수 있는 증상이다. 그러나 이에 대해 사카구치 안고가 고안한 해결법은 말 그대로 '안고 스타일'이라고 부를 수밖에 없다. 다음 이야기를 들어보자.

"신경쇠약 증상이 심해지자, 결국엔 망상까지 떠올라 아무것도 할 수가 없었다. 나는 망상만 없앨 수 있다면 뭐든 해보겠다는 마음으로 해결책 찾기에 몰두했다. 제일 먼저 시도해 본 것이 수학 문제 풀기였는데, 아무리 책을 열심히 봐도 가르쳐주는 사람이 없으니 도무지 집중이 안 되었다. 어학이라면 그나마 쉽게 시작해 볼 수 있겠다는 생각에 프랑스어, 라틴어, 산스크리트어 등 다양한 언어에 손대 보기도 했다. 그러나 문제는 흥미였다. 내 경우 흥미를 계속해서 유지하는 힘이 병적으로 쇠퇴해 있었기 때문에, 한 가지 대상에 깊이 몰두하는 것 자체가 무리였다. 그래서 나는 한 가지에 질리면 다른 언어를 공부하는 식으로, 짧게 짧게 집중할 일을 바꿔가며 망상이 끼어들 틈이 없도록 나를 몰아붙였다. 이렇게 잠이 들 때까지 계속 나자신과 싸우는 방법을 이용해 마침내 신경쇠약 증상으로부터 해방되었다.”

사카구치 안고라는 인물의 삶은 '효율적인 생활'과는 거리가 멀었다. 평범한 기준으로 보면 쓸모없다거나 완전히 빗나간 행동이라고 생각할 만한 부분도 많다. 사카구치 안고라는 사람 자체가 이미 하나의 스타일이었고, 그의 다양한 행동들은 일단 안고라는 '신체'를 한 번 통해 사카구치 안고 식으로 완전히 변형되었다. 마치 그의 손길이 닿는 곳에는 모두 그의 도장이 찍히는 듯한 이치다. 그에게 '버릇의 기술화'란 소설가로서 기교를 살리기 위해서가 아니라 사카구치 안고라는 새로운 스타일을 확립하기 위한 수단이었다 해도 과언이 아니리라.

'침거'와 '방랑'. 신체 기법 면에서 보면 완전히 상반하는 양극단의 움직임을, 사카구치 안고는 자신만의 기술로 완벽하게 소화했다. 물론 이렇게 극과 극을 자유자재로 넘나들 수 있으려면 상당한 노력과 수련이 필요하다. 한쪽

극을 철저하게 추구하지 않고 대충 넘어가 버려서는 '특기'를 얻을 수 없다. 반면에 다른 쪽 극으로 넘어가지 못하고 한 극에 묶일 수밖에 없는 상태라면 이미 자유가 아니다. 이토록 대조적인 양극을 오갈 수 있는 '행동의 폭'이 곧 '자유'의 크기이자 '그릇'의 크기다.

사카구치 안고는 종종 종이에 '이쪽저쪽 목숨'이라는 말을 쓰고는 했는데, 이 말은 안고의 스타일을 잘 표현해주는 문구다. 그의 문필 활동만 보더라도 순수문학에서 추리소설까지 망라해 있으며, 나아가 수필이나 장기 관람기에 이르기까지 말 그대로 '이쪽저쪽'으로 손을 안 댄 곳이 없다. 하지만 사카구치의 이 '칩거와 방랑'의 버릇은 기술로 승화되어 '이쪽저쪽 목숨' 스타일을 더 의미 있고 충실하게 살려냈다.

스타일은 일관된 변형이다

숙달에 이르는 가장 이상적인 과정은 기초체력을 쌓은 후 자신의 버릇을 기술로 가꾸어 본인만의 스타일을 확립하는 것이다.

　숙달의 궁극적인 목적은 자신만의 스타일을 만드는 것이다. 여기에서 말하는 '스타일'이란 물론 패션 스타일이 아니라, 자기의 다양한 기술을 하나로 통합하는 원리다. 프랑스의 철학자인 메를로 퐁티(Merleau—Ponty)[1]는 프랑스의 소설가인 앙드레 말로의 이론을 바탕으로, 스타일을 '데포르마시옹(Déformation)'[2]으로 정의했다. 하지만 이런 정의로는 대체 무엇을 말하는 것인지 더욱 수수께끼 같아질 뿐이다. 화가들이 말하는 스타일을 예로 들어보면 개념을 이해하기 쉬울 것이다.

　서양 회화를 조금이라도 접해본 사람이라면, 고흐(Vincent van Gogh)[3]와 르누아르(Auguste Renoir)[4]의 작품

1　프랑스의 철학자로, 의식과 감각은 항상 몸이라는 한계 속에 있으며 '몸'의 '체험(신체화된 의식)'을 통해서만 진정한 의미의 지식을 얻을 수 있다고 주장하였다. '몸과 살의 철학자'라고 불리며 프랑스 미술과 문학에 많은 영향을 주었다.

2　의도를 가지고 주관적인 왜곡을 추가하는 것, 특정 부분을 강조하거나 왜곡함으로써 대상을 변형시킨다.

3　네덜란드 출신의 프랑스 화가. 19세기 중후반에 활동한 탈 인상파 화가로 대표작으로는 〈해바라기〉, 〈아를의 침실〉 등이 있다.

4　프랑스의 화가로 원색대비에 의한 빛나는 색채표현이 특징이다. 대표작으로는 〈피아노를 연주하는 소녀들〉, 〈책 읽는 여인〉 등이 있다.

을 섞어놓아도 어떤 화가의 그림인지 충분히 구별할 수 있다. 거기에 세잔(Paul Cezanne)[5]과 페르메이르(Johannes Vermeer)[6]의 작품을 갖다 놓아도 정확하게 구별할 것이다. 이것이 가능한 이유는 네 사람의 화가가 저마다 명확한 자신만의 스타일을 가졌기 때문이다. 사과나 나체 여인상이라는 같은 모티브를 그려도 스타일이 각각 다르기 때문에, 확실하게 구별이 가능하다. 오히려 같은 소재로 그림을 그리면 그들만의 스타일을 파악하기가 더 쉬울지도 모른다.

세잔은 "사과 하나로 파리를 놀라게 하고 싶다."라는 말을 했다. 이는 세잔이 자신의 스타일에 얼마나 자부심이 강한지를 단편적으로 보여주는 이야기다. 누가 보아도 사과라는 것을 알 수 있지만, 마치 이 세상에 처음 존재하는 무언가처럼 보이게 할 수 있는 그만의 화풍. 그 생경한 순간에 등장하는 사과는 이미 '사과'라는 일반명사의 의미는 전혀 남아있지 않고, 강렬한 존재감을 가진 사물로

5 프랑스의 화가. 근대 회화의 아버지로 불리는 20세기의 거장으로 대표작으로는 〈사과 광주리가 있는 정물〉, 〈수욕도〉 등이 있다.

6 네덜란드의 화가로 뛰어난 색조, 맑고 부드러운 빛과 색깔의 조화로 유명하다. 대표작으로는 〈레이스 뜨는 여인〉, 〈진주 귀걸이를 한 소녀〉 등이 있다.

우리 눈앞에 나타난다. 그렇게 드러난 사물 하나에 세잔이라는 화가의 세계관과 세계를 해석하는 방식이 그대로 담겨 있다.

세잔은 "자연에 존재하는 모든 것은 구와 원추, 원통 형태로 이루어져 있다."라며 자신의 회화적 세계관을 표현했다. 세계를 화폭에 담는 방법뿐 아니라, 세계를 보고 해석하는 관점 자체에도 세잔의 일관된 변형 방식이 숨 쉬고 있다.

스타일은 사물처럼 한곳에 고정된 것이 아니라 작가의 활동에 따라 살아 움직이는 '원리'다. 그렇다고 해서 스타일을 의식적으로 그림에 적용한다는 말이 아니다. 오히려 그림을 그리는 자연스러운 행위 속에 스타일이라는 일관된 변형 작용이 작동하고 있을 뿐이다.

스타일을 '일관된 변형 작용'이라고 정의하면 그것이야말로 화가에게는 생명과도 같은 요소라는 사실을 실감하게 된다. 무엇을 그려도 같은 스타일의 그림이 된다는 것은 화가에게 단점이 아니라 엄청난 장점이다.

스타일을 좀 더 쉽게 이해하려면 수학에서 말하는 함수에 비유해 볼 수 있다. 함수란 $y=f(x)$ 같은 형태다. x에 여러 수를 대입하면 f라는 일정한 변형 작용에 의해 특정의 수가 구해지는데, 이 수가 바로 y다.

이 경우 x에 어떤 수를 넣을지는 중요하지 않다. 어떤 수를 넣어도 'f라는 일관된 변형 작용'을 적용하는 것이 함수의 포인트다. 화가의 경우를 예로 들면, x에는 사과나 나체 여인상 또는 산 같은 모티브가 들어간다. 물론 f는 화가 저마다의 스타일이다. 이것이 '화가의 스타일이라는 함수 작용'에 따라 일관하게 변형되어 캔버스 위에 나타난다. 일반 관객들은 캔버스 위에 표현된 이 스타일, 즉 함수를 보고 그저 즐기면 된다.

이런 관점에서 보면 화가가 쉽게 모방할 수 있는 스타일을 가졌다고 해서 그것이 그 화가의 약점이라고 할 수만은 없다. 위작이 가능하게 하려면 그 화가의 스타일이 일관해야 하기 때문이다. 애초에 일관성이 없으면 대체 누구의 그림을 위조한 것인지 알 수 없다. 이것을 메를로 퐁티는 다음과 같이 표현했다.

"페르메이르가 나이를 먹어 갑자기 아무 생각 없이 그림 한 장을 그렸다고 칩시다. 그렇다면 그것은 '진정한 페르메이르'가 아닙니다. 그와 반대로, 위조 작가가 글씨체

뿐 아니라 위대한 페르메이르의 스타일을 그대로 살리는 데 성공했다면, 엄밀히 말해서 *그는 이미 위조 작가가 아 닙니다.*"

무나카타 시코의 꿈

———————————

아오모리현 출신으로 일본을 대표하는 판화가인 무나카타 시코의 작품에는 유난히 위작이 많다. 무나카타의 수필집 《무나카타 화》를 해설한 소설가 나가베 히데오는 다음과 같이 기록했다.

"무나카타는 그만의 강렬한 스타일이 있기 때문에 외국에서도 높이 평가받는다. 회화에서 말하는 스타일이란, 그 화가가 처음으로 제시하는 인간과 세계에 대한 새로운 시각이다. 후기 인상파 화가들 가운데 표현주의의 선구자로 불리는 고흐나 포비즘(Fauvism)[7]을 대표하는 마티스,

———————————

7 야수주의로 불리는 20세기 초 프랑스에서 일어난 미술 운동.

큐비즘(Cubism)[8]의 피카소와 같은 거장들의 작품은, 아무리 초보자라도 한눈에 그들의 작품을 알아볼 수 있다. 다른 사람의 작품과 전혀 닮지 않은 독창성과 고유한 스타일이 있기 때문이다. 특징이 너무도 선명해서, 웬만큼 그림에 재주가 있는 화가라면 초보자들이 깜박 속아 넘어갈 정도의 위작을 어렵지 않게 그려낼 수 있다. 세계적인 거장이 되는 조건은 새로운 스타일을 창출해 내는 것 외에는 없다고 해도 과언이 아니다. 무나카타 시코 역시 그런 화가 가운데 한 사람으로, 판화뿐 아니라 손으로 그린 육필화든 글씨(서예)든 일단 한 번 보면 누구든 그의 작품이라는 것을 알 수 있다. 그리고 문장 같은 경우도 몇 줄만 읽으면 다른 사람의 작품과 혼동할 일이 없다."

　이렇게 말하면 마치 스타일이라는 것이 누구에게나 하나씩 있는 것처럼 생각하기 쉽다. 물론 그런 의미도 있지만, 본래 의미의 스타일이란 하나의 유파 또는 조류와 같은 것이다. 페르메이르나 세잔과 같은 거장들은 그들의 '스타일'이 이른바 하나의 '장르'나 '구조'로 불릴 만큼 명확

8　입체주의로 불리는 20세기 초 프랑스에서 일어난 미술 운동.

한 변형 작용이 반영된 특수한 예다.

그러나 대부분의 일반 화가는 하나의 거대한 유파나 조류에 속해서 자신만의 스타일을 가꾸어 나간다. 세잔이 확립한 스타일의 계보를 잇고자 하는 사람은, 세잔의 스타일을 기본으로 하여 거기에 자신만의 기술이나 새로운 화법을 가미하며 자신만의 스타일을 만든다. 말하자면 세잔이라는 뿌리를 바탕으로 '갈래'를 만들어, 본인의 방식에 맞게 약간의 변형을 추가하는 것뿐이다. 세잔의 계보를 잇는다는 것은 세잔의 스타일(함수)에 마이너한 변형을 추가해 변형 작용을 도모하는 것이라 할 수 있다.

도제식 교육 제도에 기초한 사제 관계에서 스승이 제자들에게 전수하는 것은, 개인의 성격이나 사상이 아니라 보편성에 입각한 스타일이다. 이와 유사하게, 하나의 유파가 가진 '틀'은 양식(스타일)이 응축한 것이다. 이 '틀'은 자신의 수준에 머무를 뿐인 안일한 자세를 절대 용납하지 않는 엄격한 교육 체계를 포함한다. 개성이란 어떤 의미에서 선천적으로 가지고 태어나는 것이지만, 스타일은 숙련을 통해 후천적으로 얼마든지 얻을 수 있는 속성의 것이다.

스타일을 보편적인 숙달 원리의 중심 개념으로 간주하는 것은, 단순히 개성을 예찬하려는 의도가 아니라 오히려 그 반대라고 할 수 있다. 스타일이라는 개념은 자신이 어떤 계보를 따를 것인지에 대한 문제의식을 더욱 선명하게 만든다. 본인 스스로 어느 계보의 후계자로 규정할 것인지에 대한 의식. 이것을 '계보 의식'이라 부른다면, 이 계보 의식이야말로 스타일을 만들어 가는 데 가장 중요한 역할을 담당하는 개념이다. 자기 스타일을 만들어 갈 때 롤모델이 될 만한 사람을 가리켜 '선행자'라고 부른다. 이렇게 본인의 선행자를 찾겠다는 문제의식을 지속해서 점검하는 것이 바로 숙달의 비결이다.

무나카타 시코는 독자적인 화풍으로 잘 알려져 있는데, 이는 스타일에 있어 그만의 명확한 계보 의식이 있었기 때문에 가능한 것이었다. 이러한 의식은 그가 남긴 "나는 기필코 고흐가 되리라."라는 말에서 단적으로 드러난다. 무나카타 시코의 《판극도》에는 소년이었던 무나카타가 우연히 고흐의 그림과 충격적인 만남을 가진 뒤 고흐처럼 되고야 말겠다는 강렬한 의지를 불태웠다고 한다.

"'그래, 나는 반드시 일본의 고흐가 되고 말겠어. 난

고흐가 될 거야.' 그 당시 제 유화에 대한 열정과 고흐가 되겠다는 의지는 하나였습니다. 무슨 일이 있어도 고흐 같은 위대한 화가가 되고 싶다는 욕구가 강했죠. 감청색으로 그린 고흐의 해바라기. 눈이 핑글핑글 할 만큼 눈부신, 그런 해바라기를 그리고 싶었습니다. 저는 그리고 또 그렸습니다. 손으로 그리고 붓으로 그리고, 물감을 튜브 통째로 세 개, 네 개씩 짜 가며 그렸습니다. 뱀이 긴 몸뚱이를 비틀며 고통으로 몸부림치듯 고통 속에서 그림에만 몰두했습니다. 무엇이 어떻게 되는지도 모른 채 무작정 그려대기만 했던 겁니다. 고흐처럼 그리기 위해서……. 그리고 아오모리에서는 '고흐 무나카타'라는 이름을 얻었죠. 작년에 네덜란드에 갔을 때 고흐의 해바라기 그림 바로 옆에 제 판화가 진열된 것을 보고, 그동안의 이런저런 힘겨웠던 시간이 스쳐 지나가 눈물을 멈출 수 없었습니다."

이 무나카타 시코의 에피소드에서 우리가 주목해야 할 점은 다음 두 가지다. 하나는 '동경을 동경하는 마음'이라는 관계성을 통해 '계보 의식을 기술화'하는 과정의 중요성이다. 다른 하나는 일관된 변형 작용이 반영된 스타일을 자신에게 걸맞게 조금씩 변형하며 계승하는 방법의 효과다.

스타일의 계보를 의식하는 습관

'계보 의식의 기술화'라는 말은 자신이 이어받으려는 계보에 대한 의식 자체를, 날마다 반복하여 습관으로 만든다는 뜻이다. 이러한 계보 의식을 순간적으로 느끼는 일은 일반 사람들에게도 종종 나타난다. 그러나 순간적으로 발생한 의식을 자신의 일상에 정착시켜 습관으로 만드는 것은, 일시적인 감각과는 다른 차원의 이야기다. 여기에서 중요한 것은 순간적인 동경의 마음을 갖는 것이 아니라, 이 동경하는 마음을 계보 의식으로 정착시키는 것이다.

계보 의식을 기술화하는 작업에 관한 흥미로운 에피소드로, 시드니 올림픽에서 일본 축구 대표팀으로 눈부신 활약을 한 다카하라 나오히로의 일화를 들어보자. 《축구 100년의 기록》에서 다카하라는 중학교 시절, 당시 모든 축구 꿈나무의 우상이었던 마라도나가 아니라 네덜란드의 전설적 스트라이커인 마르코 판 바스턴을 동경했다고 하는데, 그 이유가 남다르다.

　"바스턴 선수를 좋아하게 된 것은 제 의지라기보다, 중학교 축구부 감독이었던 사쿠라이 선생님의 영향이 컸어요. 그 당시 감독님은 축구에서 초보자와 다름없었기 때문에, 비디오로 해외 선수들의 경기 장면을 보며 연구를 많이 하셨어요. 그 시절 해외 축구라고 하면 화려한 개인기를 뽐내는 선수들이 많아 보는 재미는 있었지만, 일본 선수들의 감각으로는 좀처럼 해낼 수 없을 것 같은 플레이가 대부분이었죠. 하지만 감독님은 외국 선수들의 엄청난 플레이나 '저런 걸 어떻게 하지?' 싶은 개인기를 무작정 '일단 해봐' 하는 식으로 몰아붙였습니다. 연습 시간이면 감독님은 '너도 저 바스턴 같은 선수가 되거라.'라든가 '게리 리네커처럼 항상 골대를 노리는 거다. 공이 언제 어디서 날아오든 즉시 반응할 수 있도록 대비해야지!'라며 시종일관 잔소리를 늘어놓기 일쑤였죠. 어쩌다가 멍하니 있기라도 하면 '뭘 멍하니 있는 거냐?' 하고 여지없이 불벼락이 떨어졌어요. 하지만 감독님에게 혼이 나면 날수록 오기가 생겼습니다. '그래, 오기로라도 바스턴이 되어 보이겠어.'라는 생각으로 바스턴의 플레이가 담긴 비디오를 보며 무작정 그를 흉내 내기 시작했죠."

다카하라 선수의 모교인 시즈오카 도카이 다이이치 중학교는 전국 대회에서 여러 차례 우승을 차지한 강호다. 그런데 그 우승의 주역인 감독이 축구에 문외한이었다는 사실도 흥미롭다. 사쿠라이 감독은 비단 다카하라 선수뿐 아니라 팀 모든 선수에게 각자 꿈꾸어야 할 상대를 정해주고, 그들의 경기 모습을 담은 비디오를 보여주며 따라 하도록 지시했다고 한다. 그것도 단순히 한 가지 기술에 국한한 것이 아니라 플레이 스타일 전체를 완전하게 훔쳐 낼 것을 주문했다는 것이다.

"제가 바스턴 선수에게 반한 것은 그가 어떤 포지션도 완벽하게 수행하는 선수이기 때문입니다. 기회를 놓치지 않고 스스로 득점하기도 하고, 득점으로 연결하는 기가 막힌 어시스트를 올리기도 하죠. 상대방의 허점을 뚫는 공격의 선두에도 항상 그가 있었어요. 한마디로, 공격수의 역할을 완벽하게 소화한다는 뜻이죠. 1988년 유럽 선수권 대회 결승전(네덜란드 대 소련)에서 그가 보여준 발리슛은 정말 감동 그 자체였어요. 왼쪽에서 크로스 한 공이 오른쪽 골대를 향해 역회전으로 날아가서 꽂히는 기가 막힌 골이었습니다. 각도는 별로 없었지만, 발리슛의 아름다움과 넘치는 박력은 말 그대로 환상적이었습니다. 그 당시에 저도 그런 슛을 한 번 차 보고 싶다는 마음에 밤낮없이 그 슈팅만 연습했던 기억이 납니다. 그 정도로 멋지고 충격적인 슛이었어요. (중략) 지금의 제 경기 스타일은 상당 부분 바스턴의 영향을 받았습니다. 중학교 때 몸에 밴 기술이 이제 발휘되는 듯한 느낌이랄까요. 물론 바스턴 선수 자체도 제게 큰 자극과 본보기가 되었지만, 그와 동시에 감독님의 독특한 동기부여와 끊임없는 의식 무장 덕분인 것도 사실입니다."

아직 어린 중학생에게 "해외 초일류 선수의 스타일을 그대로 몸에 익히라."는 주문은 다소 무리인 듯도 싶다. 그러나 의외로 한창 자라나는 꿈나무들에게는 이런 말이 꽤 효력을 발휘하기도 한다. 그도 그럴 것이, 다카하라가 말한 것처럼 세계적 스타 플레이어의 경기에는 진한 감동이 있기 때문이다. 감동이나 강렬한 동경이 없으면 전체적인 스타일을 훔쳐내고 싶다는 의욕이 생기지 않는다. 그런 의미에서 볼 때 교육의 왕도란 처음부터 무턱대고 '최고'를 만나게 해 주는 일인지도 모른다.

다만, 스타일을 훔치기 위해서는 막연하게 쳐다보기만 하거나 동경하는 것만으로는 부족하다. 비디오나 연속 사진을 반복해서 분석하며, 하나하나의 움직임과 기술을 작은 단위로 쪼개 파악하는 과정이 무엇보다 중요하다.

욕망은 다른 사람의 욕망을 모방한 것

여기에서 한 가지 더 주목해야 할 점은, 다카하라가 언급한 '기술을 훔치는 힘'을 지지해 주는 '관계성'이다. 여기서 관계성이란, 다카하라가 바스턴을 동경했다는, 그 단순한 양자 관계의 속성을 의미하는 것이 아니다. 사쿠라이 감독 자신이 먼저 해외 초일류 선수에게 강렬한 동경심을 느꼈고, 그 마음이 선수들에게도 전염되어 '동경'하는 마음이 일었다. 선수들 입장에서는 어느 날 갑자기 세계적 선수를 동경하게 되었다기보다, 감독이 선수를 동경하는 그 마음에 이끌려 자신들도 같은 인물을 동경하게 된 것에 가깝다.

우리가 무언가를 동경하거나 갖고 싶다고 느끼는 경

우를 살펴보면 대상과 자신의 양자만 존재하는 관계 외에, 그러한 욕망을 매개하는 제삼자가 존재하는 경우가 종종 있다. 좀 더 쉽게 이야기하면 평소에 좋아하고 존경하는 인물이 무언가를 동경하면, 자신도 그것에 관심이 생기기 마련이라는 것이다.

프랑스의 정신분석학자인 자끄 라캉은 "욕망은 다른 사람의 욕망을 모방한 것"이라고 말했다. 그리고 《욕망의 현상학》의 저자인 르네 지라르 역시 욕망은 양자 관계가 아닌 '삼자 관계'에 기초하고 있음을 주장했다. 이를 내 식으로 표현하면 '동경을 동경하는 관계성'이다.

사쿠라이 감독의 이야기를 통해서도 명확히 알 수 있듯이, 지도자가 반드시 '달인'일 필요는 없다. 무엇보다 중요한 점은 자신이 가진 '동경의 기운'을 주변에 얼마나 발산할 수 있느냐 하는 점이다. 그리고 제자들이 구체적이면서도 우수한 대상에 자주 노출되는 방법을 연구하는 일이다. 플레이 스타일의 모범이 되는, 말하자면 '자료'를 최대한 풍부하게 수집하는 것. 이 '자료 수집'이야말로 지도자가 해야 할 중요한 역할이다.

사쿠라이 감독과 비슷한 경우로, 나는 도쿄의 한 중

학교 교장에게 이런 이야기를 들은 적이 있다. 그 교장 선생님의 전공은 영어였는데, 중학교 시절 갑자기 영어 선생님이 바뀌는 일이 있었다. 새로 오신 영어 선생님의 전공은 국어였지만, 종전 직후 상황이라 영어 교사가 절대적으로 부족했기 때문에 영어에는 완전 초보인데도 영어 교과수업을 맡게 되었다고 했다. 그렇다면 영어를 한마디도 하지 못했던 그 선생은 어떤 식으로 수업을 진행해 나갔을까. 그가 제일 먼저 한 일은 미군 부대를 찾아가 미군 관계자 부인이면서 대학을 졸업한 사람을 찾는 일이었다. 수소문 끝에 조건에 맞는 부인을 찾아낸 그 선생은 부인을 직접 교실로 모시고 와 영어를 지도할 수 있도록 도왔다고 한다.

영어밖에 모르는 사람이 영어라고는 하나도 모르는 사람을 상대로 수업하는 것이, 원리적으로 보면 말이 안되는 상황인 듯 보이지만, 실제로는 상상을 초월할 만큼의 효과가 있었다고 한다. 반 학생들이 영어에 보이는 관심과 향학열은 갈수록 높아져, 그 반에서만 영어 선생님이 되겠다는 아이들이 꽤 여러 명이 나왔다고 할 정도다. 외국인 교사와 학생을 중개한 선생 자신도 이 일을 계기로, 훗날 영어학 저서를 집필할 정도의 영어학자로 변신했다는 이야기도 들려왔다.

이 이야기 속에도 숙달을 향한 의욕을 지탱해 주는 삼자 관계, 즉 '동경을 동경하는 관계성'이 담겨 있다. 상대가 뛰어나다는 사실을 인정하고 솔직하게 동경하는 마음으로 노력하는 지도자와, 훌륭한 자료(앞서 언급한 사례의 경우에는 미국인 부인)의 만남이 학생들의 향학심을 키운 것이다.

자 여기서, 플레이 스타일에 대한 이야기로 돌아가 보자. 플레이 스타일이란 각각의 기술을 가리키는 것이 아니라 여러 기술을 통합하는 전략적 원리를 뜻한다. '플레이 스타일'은 숙달을 향한 과정이 쌓이고 응축한 것이다. 스타일을 완성하려면 다양한 연구와 노력의 과정을 거쳐야 한다. 이 과정을 제대로 파악하는 자만이 숙달의 기술을 훔쳐낼 수가 있다. 그뿐 아니라 전혀 관련이 없어 보이는 영역에서도 비슷한 스타일을 창출할 수 있다.

이 플레이 스타일이라는 개념을 깨우치고, 그런 관점으로 다른 사람의 플레이를 분석하고 자신의 플레이를 체크하다 보면 필연적으로 숙달의 비결에 눈 뜨게 된다. 중요한 것은 자신에게 적합한 스타일을 '선택'하는 것이다. 선택을 향한 의지가 '향학열'을 더욱 불타오르게 한다.

플레이 스타일을 선택할 때는 자신의 신체적 특성과 그간의 인생을 살면서 기른 습관 등이 기준이 된다. 그 때문에 본인과 완전히 동떨어진 사람의 스타일에는 모방하려는 마음이 생기지 않는다. 스타일이라는 개념에는 여러 가지 기술을 어떻게 통합적으로 활용할지, 가장 효과적인 플레이를 위한 전략적 사고가 무엇인지도 포함되어 있다. 그러므로 '플레이 스타일'이라는 관점을 습관화하는 방식이 가진 가치에도 주목해야 한다. 플레이 스타일의 계보라는 의식을 갖는 것 자체가 숙달로 향하는 원리에서 중요한 단계다. 앞서 다카하라 선수가 "바스턴 선수 자체도 제게 큰 자극과 본보기가 되었지만, 그와 동시에 감독님의 독특한 동기부여와 끊임없는 의식 무장 덕분인 것도 사실"이라고 이야기했듯이, 끊임없는 의식 무장이야말로 스타일의 계보 의식을 기술로 승화시키기 위한 첫걸음이다.

스타일이라는 개념은 특정 영역에 얽매이지 않는다. 예술과 스포츠 또는 기타 전문 분야와 일상생활에서도 스타일이라는 개념은 다양하게 활용할 수 있다. 다만, 모든 사람에게 스타일이 있다는 말은 아니다. 자신만의 무기를 가지며, 그 세계에 대한 뚜렷한 도전 의식과 일정 수준의 실력을 갖추어야만 비로소 스타일이라는 개념에 의미가 생긴다.

내가 이 책에서 제대로 다루고 싶어 하는 것도 스포츠와 같은 특정 영역에 대한 숙달 이론이 아니라, 영역을 초월한 숙달의 보편적 원리다. 더 정확하게 말하면, 한 분야에서 경험한 숙달의 원리를 다른 영역에 도전할 때도 활용할 수 있는 인식 능력에 관해 이야기하고 싶다. 다시 말해서 모든 영역을 아우르는 '영역 초월 인식 능력'이 이 책의 핵심 주제일 뿐 아니라 숙달에 이르는 힘의 근본이다.

흑막의 정치가, 조제프 푸셰

스타일이라는 개념의 이해를 돕기 위해, 오스트리아의 유대계 작가인 슈테판 츠바이크(Stefan Zweig)의 《조제프 푸셰, 어느 정치적 인간의 초상》을 예로 든다.

조제프 푸셰(Joseph Fouché, 1759~1820)는 프랑스 혁

명에서 나폴레옹 시대를 거쳐 왕정복고에 이르기까지 수도사, 혁명가 밀정, 경무대신 등 상황에 따라 역할과 태도를 바꾸어가며 격동의 시대를 영리하게 건너온 정치가다.

혁명기에는 급진적 공산주의자로서 교회를 파괴했으며, 음모를 꾸며 프랑스 혁명기 정치가인 로베스피에르와 정치적 싸움에서도 승리를 거두었다. 나폴레옹 시대에는 황제 대신으로 활약하였고, 나폴레옹의 폐위 후에도 생명력을 유지할 만큼 변신의 귀재이자 전설적인 인물이다. 왕정복고 시절에는 기독교를 신봉하는 반동적 경무대신으로 권력을 휘두르기도 했다.

이렇듯 지조 없는 푸셰를 가리켜 당대에는 물론이고 후세 사람들까지 '타고난 배신자', '이기적 변절자' 등의 모욕적인 평가를 했다. 그러나 슈테판 츠바이크는 푸셰를 하나의 걸출한 스타일로 해석한다.

푸셰는 냉혈한이었던 모양이다. 아무리 분노가 치밀어도 겉으로 드러내지 않고 얼굴 근육 하나 일그러지지 않기 때문에, 어떤 사람도 표정만으로 그의 의도를 파악해내지 못했다. 츠바이크는 푸셰의 이러한 냉혈한적 면모를 다음과 같이 묘사한다.

"푸셰의 태연자약하고 흔들림 없는 냉혈성 역시 그만의 고유한 능력들 가운데 하나다. 그는 절대로 신경질적인 모습을 드러내지 않으며 감각적인 욕망에 휘둘리지도 않는다. 끓어오르는 열정은 머릿속 깊은 곳에 잠재웠다가 서서히 발산해 낸다. 자신의 실력 발휘는 뒤로 하고 다른 사람의 실수를 노린다. 상대방의 정열이 타오를 만큼 타오르게 만들고는 잠자코 기다린다. 상대의 정열이 완전히 소모되었거나 정열을 억제하지 못해 결점을 드러내고 마는 순간, 푸셰는 가차 없이 달려들어 칼을 휘두른다. 그 무신경한 인내심은 무서울 정도다. (중략) 그는 일생 충성스럽고 선량한 신하의 가면을 쓰고 살았다. 그도 그럴 것이 분쟁과 모함의 씨앗이 될 온갖 서류를 손에 넣고 가만히 때를 기다리는 자신의 본성을 숨기기에 그만한 가면이 없기 때문이다. 방 안에 가만히 앉아 모든 사람을 조종하고, 문서와 기록을 마지막 보루 삼아 숨어 있다가 아무도 낌새를 눈치채지 못하는 새 공격을 가하는 것, 이것이 바로 그만의 전술이다."

한마디로 말하면 푸셰의 스타일은 흑막 스타일로, 푸셰는 평생 이 스타일을 고집했다. '겉으로는 절대로 권력을 드러내지 않지만, 실제로는 완전히 권력을 장악하여 주변의 모든 사람을 조종하면서도 정작 본인은 어떤 책임도 떠안지 않는 것', '언제나 일인자의 배후에 숨어 가면을 쓰고 그 사람을 앞세워 마음껏 권력을 휘두르는 것', 그리고 '그 일인자의 시대가 끝나감을 느끼면 때를 가리지 않고 결정적인 순간에 등에 칼을 꽂는 일', 이것이 평생을 일관한 그의 삶의 방식이며 스타일이었다.

푸셰는 자신의 특성을 잘 알고 있었다. 그에게는 나폴레옹과 같은 카리스마는 없었지만, 분위기를 간파하는 예민한 감각이 있었다. 그는 이 특성을 냉정하게 인식하고 철저하게 자신만의 스타일로 만들었다.

"메달이나 훈장을 달아도 전혀 어울리지 않았으며, 공들여 치장하거나 인기에 연연하는 일도 없었다. 머리에 월계관을 쓰고는 있었지만, 전혀 위엄이 느껴지지 않는다는 것은 본인이 더 잘 알았다. 그의 가늘고 힘없는 목소리는 소곤거리거나 음모를 꾸미거나 험담하는 데는 적당할지 모르지만, 열변으로 대중을 사로잡기에는 역부족임을 그 스스로 익히 알고 있었다. 그보다는 오히려 책상에 앉아있는 자신, 조용한 방 안에 있는 자신, 권력의 배후에 숨어있는 자신이 가장 강한 것도 이미 눈치채고 있었다. 그런 곳이야말로 자기 모습은 드러내지 않은 채 안전하게 엿보고 관찰하고 설득할 수 있으며, 배후 조종을 하면서도 외부에는 철저하게 자신을 감춘 채 발각되지 않을 수 있기 때문이다."

바꿀 수 없는 자신의 신체적 특성과 '습성'을 냉정하게 인식하여 세상과 맞서는 가장 효과적인 전술을 터득했다는 의미에서 보면, 푸셰는 스타일 만들기에 천재성을 가진 사람이라고 할 수 있다. 그의 스타일 형성에는 타고난 기질이나 성격의 영향도 무시할 수 없지만, 무엇보다 20세부터 30세 때까지 10년간 지내 온 오라토리오회 수도원 생활의 영향이 막대했다. 이후 삶에서 그가 활용한 기술의 대부분은 이 기간에 단련된 것이다. 이 점에 대해 츠바이크는 이렇게 기록한다.

"조제프 푸셰는 오라토리오회 수도원에서 생활하는 동안 외교가로서 활약하는 데 유용한 모든 것을 배웠다. 그중에서도 침묵하는 기술, 도회술[9], 상대방의 심중을 꿰

---

9 정체나 진실을 은폐해 연막을 치는 기술. 푸셰는 프랑스 혁명과 동시에 지롱드파인 자신의 정체를 숨기고 자코뱅당에 가입했다.

뚫어 보는 기술 등은 그의 인생의 여러 장면에서 위력을 발휘한 기본 기술이다. 푸셰는 평생 아무리 격한 위기 순간이 와도 표정 하나 흐트러지지 않았다. 마치 단단한 벽처럼 굳어서 전혀 미동도 하지 않는 표정으로 일관했으며, 울화가 뻗쳐 눈동자에 실핏줄이 비치거나 핏대를 세우며 격앙되는 일 한 번이 없었다. 지극히 일상적인 일이든 목숨 걸고 싸워야 할 일이든 가리지 않고 전혀 억양 없는 말투로 일관했으며, 황제 앞이든 소란스러운 국민의회에서든 한결같이 침착하게 행동했다. 이렇듯 혀를 내두를 정도로 자기를 절제하고 엄격하게 그 스스로 조련할 수 있었던 것은 10여 년에 걸친 오라토리오회 수도원 생활의 수련이 몸에 밴 까닭이다. 세계 무대에 주인공으로 등장하기 전, 이미 그의 의지는 로욜라(Loyola)[10]의 계율로 무장했으며, 그의 연설은 수 세기 동안 전통을 이어온 승려들의 토론 기술을 통해 단련되었다."

여기에서 알 수 있듯, 스타일이란 개성과 달리 기술 연마를 기본으로 한다. 푸셰의 스타일을 지탱하는 '침묵

---

10 에스파냐 출신의 가톨릭 수도사.

의 기술, 토론의 기술, 심리학적 분석 기술' 등은 모두 숙련 과정을 거쳐 몸에 밴 것들이다. 그는 타고난 기질에 걸맞은 기술을 협조적인 환경 속에서 갈고 닦아, 결국에는 세상을 휘어잡는 남다른 기술로 발전시켰다. 더구나 그의 기술은 10년이라는 긴 세월 동안 몸속에 서서히 스며든 이른바 신체 기법적 기술이다.

비욘 보그와 존 매켄로

스타일은 공격적 성향과 수비적 성향처럼 대조적인 스타일이 충돌할 때, 더욱 윤곽이 뚜렷해진다. 아마추어 럭비 경기에서 '전진 형' 경기를 하는 메이지대학교의 럭비와 뒤쪽에서부터 옆으로 공을 돌려가며 공격해 오는 와세다대학교의 '전개 형' 럭비라는 도식으로 보면 이해하기 쉽다. 스모에서의 오시즈모[11]와 요츠즈모[12], 제품 개발에

---

11 벨트 등의 확고한 그립 없이 상대를 링 밖으로 밀어내는 스모 기술.
12 상대의 벨트를 잡은 다음 강제로 내보내는 스모 기술.

주력하는 소니와 판매 중심의 마쓰시타, 냉전 시대의 미국과 소련처럼 대조적인 국가 또는 사회 스타일 등 다양한 영역에서 스타일 대 스타일의 경쟁과 마찰이 발생한다.

우리는 럭비나 스모를 관람하면서 단순히 즐긴다는 것 이상으로 스타일과 스타일의 충돌 과정에서 뚜렷이 드러나는 요소들까지 맛볼 수 있다. 이렇게 전체 플레이의 디테일한 부분에서 나타나는 일관한 특징이나 전술의 저변에 깔린 철학과 신념에 감명받기도 한다.

전혀 다른 상대의 기술을 경험하면서 상대를 제압해 나가는 관계는 단순히 주고받는 관계 이상으로 창의적인 관계다. 이 관계 속에서는 서로의 스타일이 더욱 명확해진다. 그런 상황에서 진검승부까지 펼칠 수 있다면 더할 나위 없을 것이다. 진검승부 이야기를 하다 보니 비욘 버그와 멕켄로가 윔블던에서 펼친 숙명의 결전이 떠오른다. 이 결승전은 단단한 스타일과 부드러운 스타일 사이의 처절한 커뮤니케이션이었다.

스웨덴 출신의 비욘 보그는 1분 동안의 맥박수가 불과 35회로, 살인적인 폭염 속에서 장시간 경기를 해도 땀 한 방울 흘리지 않으며, 라켓을 너무 세게 잡은 나머지 한

밤중이 되면 라켓 손잡이가 저절로 부러진다는 전설의 주인공이다. 떡 벌어진 어깨는 냉철해 보였고, 강렬한 톱스핀 그라운드 스트로크가 무기였다. 그는 좀처럼 네트 근처에 접근하지 않는 전형적인 베이스라인 플레이어로, 공을 끊임없이 받아치는 모습이 마치 단단한 '벽'과 같았다.

상대가 누구든 얼마나 강하든 그 벽은 모든 공을 튕겨 냈다. 여기에 일명 '나비처럼 날아 벌처럼 쏘는(무하마드 알리 스타일)' 플레이 스타일을 가진 존 매켄로가 도전해 왔다. 그는 그야말로 뉴요커다운 면모를 보이며, 솔직하고 편안하게 자신의 감정을 폭발시킨다. 그의 테니스 감각과 스피드, 놀라운 집중력은 가히 천부적이라 할 만했고, 표범처럼 날쌔면서도 부드러운 움직임, 미묘한 터치의 쇼트 기술 등을 너무나도 손쉽게 구사했다. 그야말로 서브 앤드 발리 스타일[13]의 전형이라 할 수 있다.

존 매켄로의 경우 근육 트레이닝은 거의 하지 않고, 복근을 그저 말랑말랑하게 유지했는데 이 말랑말랑한 복근이 비밀 병기다. 어떤 트레이너는, 일류 선수 정도가 되

---

13 서브를 하고 재빨리 달려가 상대의 공을 발리로 처리하는 기술.

면 누구든 뱀처럼 유연하지만 존 매켄로 선수의 복근은 그 정도가 아니라 마치 젤리처럼 부드럽고 기능적이었다고 말했다.

모든 면에서 대조적인 이 두 선수의 승부는 그야말로 세계 최고 수준의 '스타일과 스타일의 소통'이었다. 윔블던 대회 5연패라는 대기록을 걸었던 비욘 보그와 이듬해 새로운 왕좌를 차지한 존 매켄로의 왕좌 교환식, 이는 정반대의 에너지가 섬광처럼 번뜩인 한 편의 드라마였다.

그 당시 테니스는 모든 대중을 사로잡는 프로 스포츠로서 인기의 정점을 찍었다. 그러나 그 이후 테니스의 인기가 한풀 꺾인 상황임을 부정할 수 없다. 그렇게 된 배경 가운데 한 가지는 서로 상대를 돋보이게 할 강렬하고 대조적인 스타일(기술과 전술, 캐릭터가 일체를 이룬 것)의 각축전이 결여되었기 때문이다.

스타일을 선택하는 기준의 근본에는 신체적 특성과 성격이 있다. 민첩하고 공격적인 성격을 가진 존 매켄로가 방어 중심의 소극적 스타일을 고집하는 것은 왠지 앞뒤가 맞지 않는다. 어떤 스타일이 절대적으로 좋다기보다, 무엇이 되었건 수준만 높아지면 얼마든지 훌륭한 스타일로 발전한다는 사실이 흥미롭다.

탁구에서도 멀찌감치 떨어져 공을 받아치는 컷트맨과 전진 공격형 기술이 어우러져야 멋진 경기가 된다. 탁구대에서 몇 미터 떨어져 있는 컷트맨이 받아친 공이 우아하게 날아가며 만들어내는 궤적은 얼마나 아름다운가. 공은 언뜻 침묵의 시간 속을 날고 있는 듯해도, 그 속에는 맹렬한 회전이 걸려있기 때문에 탁구대에 착지하는 순간 엄청난 반동과 커브가 발생한다.

이미 손에서 떠나간 공을 마치 아직도 쥐고 있는 듯 조종하는 선수들의 천부적인 감각은 보는 이에게 쾌감을 준다. 이 역시 같은 컷트맨 간의 경기보다는 전진 속공 스타일과의 대비가 있어야 서로가 훨씬 돋보일 수 있다.

완전히 대조적인 스타일이 서로 충돌하고 어우러지면 함께 창조적인 관계로 발전해 나간다. 이렇듯 각기 다른 스타일 사이의 커뮤니케이션은 비단 스포츠 분야뿐 아니라 다양한 장르에서도 같은 관계성을 띤다.

비욘 보그와 존 매켄로 두 선수도 서로 경쟁 관계에 있지만, 관점을 조금만 바꾸면 두 사람이 힘을 모아 수준 높은 '스타일 대 스타일의 소통'을 시합이라는 형태로 창출해 낸 것으로 볼 수 있다. 테니스 세계 전체를 하나의 거대 기업으로 보면 두 사람의 경쟁 관계야말로 기업의 발전에 어마어마한 영향을 남기리라.

혼다를 이룩한 창조적 관계

실제로 하나의 회사가 발전할 때 다른 두 가지 스타일이 파트너 관계를 맺음으로써 서로의 발전을 이끌어주는 예는 상당히 많다. 그중에서 유명한 사례를 하나 소개하자면 혼다 자동차의 창업자인 혼다 쇼이치로와 그의 경영 파트너인 후지사와 다케오의 관계가 바로 그것이다.

혼다 쇼이치로는 본인 스스로를 '기술자'라고 칭할 만큼, 늘 새로운 기술 개발에 대한 의욕이 강했다. 성격 면에서는 성질이 급하고 행동이 기민한 사람이었다. 늘 도전 정신이 넘쳤으며 결단력과 실행력으로 무장되어 있었다. 쉴 새 없이 신제품을 개발하다 보니 실패도 잦았다. 하지만 실패가 있어도 아랑곳없이 다음 신제품 개발에 힘을 쏟았다. 신제품을 출시하면 실제로 자동차 레이스 등에

출전하며 가장 혹독한 상황에서 자신들의 기술을 시험해 나갔다.

혼다 자신도 직접 레이스에 참가했다. 단순히 경쟁사의 기술을 벤치마킹하기 위함이 아니라, 레이스라는 시험대 위에서 직접 기술을 시험하는 것이다. 이렇게 얻어진 경험을 무기로 새로운 연구와 개발에 끊임없이 도전하는 기술자 정신, 이것이 바로 혼다의 스타일이다.

혼다는 시로야마 사부로의 《혼다 쇼이치로와의 백 시간》에서 이렇게 이야기했다.

"무조건 이기면 되는 게 아니다. 이기면 이기는 대로 지면 지는 대로 무엇이 잘 되었고, 무엇이 잘못되었는지 그 원인을 밝혀내야 한다. 레이스는 단순한 쇼가 아니라 우리들, 기술자들의 사활이 걸린 문제기 때문이다.

기계를 들여다보고 있으면 여러 가지를 알 수 있게 된다. 이 모서리를 자르려면 이렇게 하는 게 좋을지, 저런 방법이 좋을지……. 이런 생각들은 다음 기계에 대한 고민으로 이어진다. 이렇게 해보면 어떨까, 이 방법을 적용하면 좀 더 빨라지지 않을까 등등. 그런 생각과 고민을 다음 개발품의 제작 과정에 자연스럽게 적용해 본다. 그것이 바로 기술자다.

우리 회사가 이렇게 빨리 성장할 수 있었던 것은 그런 남다른 사고방식 덕분이지 않을까 생각한다. 고작 일반 도로에서 몇 번 달려본 정도로 안전을 장담하는 것은 어불성설이다. 우리는 자동차 레이스 덕분에 정말 많은 것을 배울 수 있었다. 그것도 2, 3년 정도의 경험으로는 큰 효과를 기대할 수 없다. 레이스 경험을 수차례 거듭하며 시행착오 과정을 축적해 나갈 때나 가능한 이야기다. 내가 기대하던 효과가 나타난 것은 그로부터 한참 후의 일이다."

이 이야기에서 혼다 쇼이치로의 기술자로서 넘치는 자부심을 엿볼 수 있다. 이런 혼다의 사업 파트너 후지사와 다케오는 그 사이 회사 경영을 도맡아 왔다. 혼다가 '멋진 물건 하나 만들어 줄 테니 한 번 팔아봐'라는 식으로 후지사와에게 사인을 보내면, 후지사와는 '잘 팔아 줄 테니 멋진 물건 하나 만들어봐'라는 자세로 보완해 나가며 의기투합했다.

기술이라면 자신 있지만 대금 회수나 자금 마련같이 돈에 관해서는 비교적 약한 모습이었던 혼다에 반해, 후지사와는 돈에 대해서는 100퍼센트 믿고 맡길 수 있는 사람이었다. 후지사와는 혼다에 없는 점을 갖고 있었으며, 사고방식도 상당 부분 달랐다. 그러나 혼다는 다름이야말로 훌륭한 파트너 관계를 지탱해 주는 요소라는 점을 확신했다.

시로야마 사부로의 판단

시로야마 사부로는 확연한 차이를 보이는 두 사람의 스타일을 이렇게 묘사한다.

"혼다 쇼이치로의 사업 파트너인 후지사와 다케오는 혼다와 성격 면에서 전혀 다른 인물이다. 예를 들어 혼다는 일흔 살이 넘어서도 자동차는 물론이고 대형 오토바이까지 직접 운전할 만큼 정력적이지만, 후지사와는 운전면허조차 없다. 아니, 한때 면허증을 가지고 다니기는 했지만, 그때도 구둣주걱으로 사용했다는 설이 있다. 체격 면에서도 자그마하면서도 민첩한 혼다와 달리, 후지사와는 덩치가 컸고 큰 만큼 행동도 다소 둔했다. 작업복을 제대로 갖추어 입고 무엇에 쫓기는 사람처럼 분주히 걷는 사장, 그리고 작업복 단추를 다 풀어 헤치고 느긋하게 걸어가는 부사장. 그들의 이 대조적인 모습이 지금도 눈에 선하다는 임원들이 상당히 많다."

또, 둘의 차이에 대해 후지와라는 이렇게 회고한다.

"혼다와 나는 취향 면에서도 전혀 다르다. 우리 둘의 취향은 자사에서 생산하는 제품들에 대한 애정에서도 큰 차이가 난다. 혼다 회장은 스피드 있고 큼직한 물건을 좋아하지만, 나는 작고 희소한 제품에 애착이 갔다."

"혼다 회장이 현장, 현물을 중요시하며 일단 부딪치고 보는 스타일이라면, 후지사와 부회장은 무엇을 할지 목적을 분명히 한 후 최선을 다해 고민하고 또 고민하는 신중한 스타일이다."라는 스기우라 후임 회장의 목격담도 크게 다르지 않은 맥락이다.

"두 사람은 너무도 이질적인 세계에 살고 있다. (중략) 혼다 회장은 개방적이고 말투도 거칠고 비약이 심하며 시원시원한 화법을 가진 데 반해, 후지사와 부회장과 대화해보면 지극히 치밀하고 논리적임을 알 수 있다. 후지사와 부회장은 신중에 신중을 기해 요점만 간략하게 이야기하는 스타일이다."

이렇듯 두 사람은 대조적인 스타일의 소유자다. 하지만 동시에 공통점도 있다.

시로야마는 이 두 인물의 공통점을 다음 다섯 가지로 정리했다. 첫째로 사심은 물론 사욕이 없다는 점, 둘째로 상대방을 높이 평가하고 존중한다는 점, 셋째는 자신이 잘 모르는 부분은 섣불리 간섭하지 않고 상대를 전적으로 신뢰한다는 점, 넷째로 각자 맡은 영역에서 타인을 모방하지 않고, 오로지 자신의 힘으로 길을 개척하고자 하는 점, 마지막으로 매우 솔직하다는 점이다.

두 사람 모두 회사를 경영할 때 사적 욕망을 끌어들이는 일 따위는 절대 없었고, 자식들이나 친인척을 회사에 끌어들이는 일도 없었다. 혼다 회장은 파트너십을 맺음과 동시에 후지사와에게 자신의 인감을 건네는 것으로 모든 경영을 일임했다. 이렇듯 그들에게는 가치관이라는 공통분모가 있었기에 설령 대조적인 스타일이라고 해도 큰 마찰 없이 함께 발전할 수 있었다.

혼다는 "우리 회사의 성공은 후지사와와 손을 잡은 것이 결정적이었다. 그는 정말 멋진 사람이고 내 인생마저 바꾼 위대한 인물이다."라고 이야기했다. 후지사와 역시 "나는 지금껏 혼다처럼 괴상한 거물은 만나본 적이 없다. 기술적인 면에서 나는 혼다를 100퍼센트 신뢰했다. 그 역시 기술 이외의 부분에서는 나를 전적으로 믿고 존중해 주었다. (중략) 가끔 사람들이 내게 성공적으로 기업을 이끌 수 있었던 경영철학에 대해 질문하곤 하는데, 내가 대답할 수 있는 것은 혼다와 함께했기에 성공할 수 있었다는 것뿐이다. 그가 아니었으면 성공할 수 없었다."라고 잘라 말했다.

이렇게 철저하게 기술자로 남길 원했던 혼다 쇼이치로를, 후지사와가 경영적인 면에서 지탱해 주는, 말 그대로 창조적인 '스타일 간의 대화' 관계. 하나의 기반을 공유하며 각자의 역할을 효율적으로 분담하면서 서로를 활성화하는 관계를 통해, 오늘날 혼다라는 회사의 도전적인 기업 스타일이 탄생할 수 있었다.

개인의 스타일뿐 아니라 회사 전체의 스타일이라는 관점에서 보았을 때, 회사 스타일을 성숙하게 하는 그 이면에는, 이렇듯 창조적인 '스타일 간의 대화' 관계가 숨어 있다. 이는 한 축구팀이 그 팀 고유의 스타일을 만들고자 할 때, 모든 선수가 가진 공통 기반과 개인별 스타일의 조화로 팀 전체를 효과적으로 운영하는 것과 유사한 특징이 있다.

제4장

숙달론의
기본서
《쓰레즈레구사》

나무 타기의 달인

이 책에서 중점적으로 살펴보려는 주제는, 특정한 사항에만 해당하는 단편적인 방법이 아니라, 다양한 영역에 공통으로 존재하는 숙달의 보편적 원리다. 중세 일본에는 숙달의 보편적 원리에 관해 예리한 안목을 가진 인물이 있었으니, 바로 수필집 《쓰레즈레구사(徒然草)》[1]의 저자인

---

1 일본 중세에 지어진 수필 형식의 산문집. 전 243단의 짧막한 글로 이루어진 교훈으로 진리는 일상에 있음을 강조한다. 고사, 인간상, 설화, 와카, 정치 사회, 신앙 등 방대한 영역의 이야기를 다루고 있으며, 다양하고 자유로운 문체를 구사한 것이 특징이다. "이렇다 할 일도 없이 지루하고 심심하여, 하루 종일 벼루를 붙잡고, 마음속에 오가는 부질없는 생각들을 두서없이 쓰노라니, 이상하게도 기분이 복받쳐 나도 모르게 미칠 것만 같구나."라는 서단은 일본 고전문학에서 명문(名文)으로 꼽히고 있다.

요시다 겐코다. 겐코는 법사지만, 종교를 초월한 현세적 인생의 교훈이 담긴 그의 작품은 시대를 넘어 널리 공감을 얻었다.《쓰레즈레구사》에서는 숙달의 보편적 원리와 관련된 내용이 다수 등장한다.

겐코는 이 책에서 어느 분야든 숙달의 경지에 이른 달인들이 가진 공통 '인식'에 주목했다. 책 속 유명한 일화 가운데 하나인 '나무 타기 달인(109단)' 이야기를 살펴보자. 나무 타기의 달인으로 불리는 사람이 한 사내에게 나무 위로 올라가 가지를 꺾어 오게 시켰다. 그 지시를 받고 나무를 타기 시작한 사내는 제일 높은 곳까지 올라갔고, 아슬아슬 위험한 상황에서는 한마디도 하지 않던 나무 타기 달인이, 그 사내가 지붕 높이 정도로 내려오자 그제야 "조심해야 한다. 발 헛디디지 말고."라며 주의를 주었다.

한없이 위험한 상황일 때는 별다른 조언도 없이 지켜만 보다, 풀쩍 뛰어내려도 그리 위험하지 않을 것 같은 높이까지 내려와서야 상대에게 주의를 주는 것을 이상하게 본 마을 사람들이 그 이유를 물었다. 달인이 답하기를 "눈이 핑핑 돌 정도로 위험한 상황에서는 굳이 주의를 주지 않아도 본인이 알아서 조심합니다. 실수라는 것은 안전하다고 마음을 놓는 순간, 저지르기 마련입니다."라고 대답했다.

이 일화를 들은 겐코는 그 나무 타기 달인이 평범한 재주꾼에 불과하지만, 성인에 버금가는 깨달음을 가진 사람이라며 그의 가르침에 감탄했다.

그는 공차기 놀이인 게마리(蹴鞠)[2]도 마찬가지라고 말한다. 까다로운 공은 무사히 넘기고 오히려 쉽다고 생각하는 공은 헛발질하거나 떨어뜨리기 쉽다는 말을 덧붙이며 겉넘지 않는 성실함에 관해 강조한다. 그도 그럴 것이, 누구나 본인 스스로 한창 주의력이 높아져 있을 때는 실수하는 일이 드물다. 하지만 별것 아니라는 마음으로 잠시 방심하거나 한눈을 파는 순간 실수를 저지르거나 사고를 일으키기 쉽다. 이러한 원리는 나무 타기나 공차기에도 해당하는 내용이며, 겐코는 이처럼 숙달과 관련된 사항에는 민감하게 반응했다.

110단에서는 주사위 게임의 일종인 '쌍륙치기(雙六)[3]

2 　가죽으로 만든 공을 차고 노는 일본의 민속놀이.

3 　여러 사람이 편을 갈라 15개의 말을 가지고 2개의 주사위를 차례로 굴려, 나오는 숫자대로 말을 써서 먼저 궁에 들어가는 것을 겨루는 민속놀이.

의 달인'에 관한 이야기가 나온다. 던졌다 하면 무조건 이기는 사람에게 그 비결을 물었더니 "어떻게든 이기겠다는 마음으로 던져서는 안 됩니다. 그저 실수하지 않겠다는 마음으로 주사위를 던져야 하죠. 실수하지 않으려면 어떻게 해야 하는지 생각해 보고 실수를 일으키는 방법을 피해, 지더라도 조금이나마 시간을 버는 방법을 선택해야 합니다."라고 답했다.

이 대답을 들은 겐코는 이것이야말로 가히 도를 깨달은 사람의 가르침이라 평가하며, 자기 자신을 돌보고 나라를 다스리는 이치도 이와 같다고 말했다.

여기에서 주목해야 할 점은, '달인'이라 불리는 사람들에게 적극적으로 그 요령과 비법을 묻는 겐코의 '습관'이다. 겐코는 각 영역에서 달인의 경지에 이른 사람들이 터득한 숙달의 비결에는 영역 불문의 공통점이 있기 마련이라는 확신을 가졌던 것으로 보인다.

여기서 흥미로운 점은 겐코가 바둑이나 쌍륙 놀이에 빠져 하루하루를 무의미하게 보내는 일을 패륜에 비유할 만큼 '있을 수 없는 대역죄'라고 단죄하면서도, 다른 한편으로는 쌍륙치기 달인의 말에서도 도를 발견한다는 점이다. 이 대조적인 모순을 관대하게 끌어안는 모습에서 겐코 법사의 인품과 대범함을 짐작할 수 있다.

물론 아량 넓은 요시다 겐코의 눈에도 가치 없는 일은 있다. 그러나 그는 단순히 겉으로 드러나는 가치에만 휩쓸리지 않고, 설령 미천하고 보잘것없어 보이는 장르의 일이라도 그 방면의 달인이 발견한 '인식'이 있다면 높이 평가해야 한다고 말했다. 그뿐 아니라 이러한 인식은 불도의 수행이나 나라를 다스리는 일에도 통용하는 보편적 원리로 삼아야 한다고 주장했다. 그러한 점에서 볼 때, 겐코는 숙달의 보편적 원리에 관심이 높았음을 알 수 있다.

이어 150단에서도 겸손함과 성실함에 관한 이야기가 등장한다. 무언가 예술적 기술을 익히려 할 때 "서투른 초보자 단계에서는 모든 것이 어중간하니 사람들에게 알리지 않는 것이 낫다. 스스로 확실히 습득한 다음 사람들 앞에 서는 편이 훨씬 고상한 방법이다."라는 생각을 하는 사람은 평생 한 가지 기술도 제대로 얻지 못한다고 잘라 말한다. "이와 반대로 처음 미숙한 단계부터 그 영역의 달인들과 의견을 나누는 것이 중요하다. 웃음을 사고 지적을 받아도 부끄러워만 하기보다 당당하게 넘기고 꾸준히 노력하는 사람은, 비록 타고난 소질은 없어도 자기 멋대로 엉뚱한 기술을 습득하는 우를 방지할 수 있다. 엉뚱한 곳에 시간과 에너지를 허비하지 않고 차근차근 경험을 쌓아 나가다 보면, 결국에는 숙달의 경지에 올라 타의 추종을 불허하는 명성을 얻을 것이다."라는 말도 덧붙인다.

여기서 겐코가 이야기하려고 하는 것은 첫째, 부끄러워하지 말고 달인들 속에 뛰어들어 배움을 실천할 것. 둘째, 중도에서 곁길로 새지 않고 끝까지 지속할 것. 이 두 가지다. 그는 "제멋대로 행동하지 않고 법도를 올바르게 지키면 만인의 스승이 될 수 있다. 이는 모든 도에 공통하는 것"이라고 말한다. 겐코 역시 다양한 예도를 관통하는 보편적 원리를 깊이 탐구하고 있었다.

징조를 읽는 힘

겐코가 분석한 달인의 공통적 인식 가운데 "달인일수록 공포를 정확히 예측한다."라는 말이 있다. 앞서 이야기한 나무 타기의 달인도 일반 사람들이 안전하다고 느끼는 곳에서 오히려 위험을 예측하고 있음을 볼 수 있다. 이 것이 바로 일을 완벽하게 수행하는 요령이다. 주사위 놀이 의 달인도 마찬가지다. 이기기 위해 던지면 (자신도 모르는 사이) 욕심이 생겨 악수를 두기 쉽다. 하지만 가능하면 지지 않겠다는 마음가짐으로 던지면, 의외로 실패할 위험이 적어진다. 항상 최악의 상황을 염두에 둠으로써 냉정하게 대처할 수 있기 때문이다.

위험을 미연에 예측하고 방지하는 능력이 달인이 되기 위한 증거라는 사실을 뒷받침하는 에피소드가 여기 있다. '승마의 달인 이야기(185~186단)'가 그것이다. 승마의 명수인 아다치 야스모리라는 사람은, 말을 끌고 나올 때 그 말이 두 다리를 앞으로 모으고 문턱을 넘으면 "이 말은 힘이 너무 넘쳐 사나운 녀석이군." 하면서 안장을 다른 말로 옮겼다. 그리고 문턱을 넘을 때 두 다리가 문턱에 닿으면 "이 녀석은 너무 둔해서 사고를 낼 말이야."라며 타지 않았다고 한다.

겐코는 야스모리의 신중함을 "도를 모르는 사람이 어찌 이런 두려움을 알겠는가."라며 감탄했다. 만약 말을 모르는 초보자였다면 아무 생각 없이 말에 올라탔으리라.

아주 사소한 점에서도 실패의 징조를 감지하고 찾아내는 능력. 겐코는 이것이 바로 달인의 힘이라고 강조한다.

그리고 126단 '도박꾼 이야기'에서는, 도박의 달인이 이런 말을 한다. "도박할 때 계속 지다가 마지막에 필사적으로 모든 것을 쏟아부으려는 사람과는 승부를 겨루지 않는 것이 좋다. 이는 상대가 당신을 내리 꺾을 때가 가까워졌다는 뜻이기 때문이다. '때를 아는 것'이야말로 실력 있는 도박꾼의 필수 요건이다."라는 이야기가 실려 있다.

도박꾼에도 고수와 하수가 있다. 겐코는 같은 도박꾼이라도 고수에게는 배울 것이 있다고 역설한다. 흐름을 정확하게 파악하고 냉정하게 대처하는 판단력은 경험을 통해서만 쌓을 수 있다. 한 가지에 깊이 파고들어 경험을 쌓아가는 사람들에게서는 공통적인 인식을 발견할 수 있다는 것이 겐코의 지론이다.

숙달의 해답은 의식을 또렷하게 집중하는 데에 있다. 이것을 겐코는 두 가지 면에서 조언한다.

그 하나는 지금 하려고 하는 일을 또렷이 인식해 나가는 것이다. 《쓰레즈레구사》 92단에서 해당 내용이 등장한다. 활쏘기를 배우던 사람이 어느 날, 화살 두 개를 손에 쥐고 과녁을 겨누고 있었다. 이를 지켜보던 스승이 이렇게 말했다. "초보자는 화살 두 개를 동시에 쥐어서는 안 된다. 두 번째 화살을 믿고 첫 번째 화살을 성의 없게 쏘기 때문이다. 항상 자신에게는 한 개의 화살밖에 없다고 생각하는 것이 옳다."

스승이 추구하는 것은 제자가 생각하는 의식 집중보다 훨씬 높은 차원의 집중이다. 물론 제자에게는 첫 번째 화살을 소홀히 쏠 생각이 없었는지도 모른다. 그러나 초보자의 경우, '믿는 구석'이 생기면, 오로지 화살 한 개밖에 없다는 생각으로 임할 때만큼의 몰입을 경험하기 어렵다. 자신도 의식하지 못하는 사이에 다른 화살 하나를 믿고 마음이 소홀해지기 때문이다.

겐코는 "나태한 자 본인은 아무것도 느끼지 못할지라도, 그의 스승은 이미 알고 있으리니."라고 했다. 본인 스스로 알아채지 못하는 사이 의식 집중이 흐트러져 중도에 포기하려는 제자의 태도를 예리하게 꼬집고, 그가 고차원적인 의식 집중을 지속할 수 있도록 돕는 것이 스승의 참된 역할이다. 물론 기술 그 자체를 가르치는 일도 중요하지만 자기 일에 분명한 의식을 갖고 이를 유지하고, 수련을 통해 그것을 하나의 기술로 만들어 갈 수 있도록 돕는 것이 더욱 가치 있는 일이다. 겐코는 "이 점이야말로 모든 영역에 걸쳐 적용되는 가르침이다."라며 보편화했다.

나는 고등학교 시절, 이 글을 우연히 접하게 되었는데, 그 당시 무척 깊이 감명 받았다. 마침 그 당시 내가 흠뻑 빠져있던 테니스에는 서비스를 2개 넣을 수 있다는 룰이 있었다. 나는 이 글을 읽으며 말 그대로 '등한시하는 마음'이 파고들어 와 위기를 맞았던 경험이 떠올라 어리석음에 통감했다. 이 글을 읽은 뒤부터는 시합에 임할 때, 첫 번째 서브 단 하나의 기회만 있다는 생각으로 공 하나에만 집중하도록 연습했다. 물론 한순간에 극적인 효과를 볼 수는 없었지만, 나에게 《쓰레즈레구사》란 보편적 숙달론의 교과서와 같은 존재임이 분명하다.

에너지의 집중

의식 집중에 관해 앞서 소개한 화살 이야기가 미시적 차원이라고 한다면, 겐코는 거시적 차원에 관한 집중도 역설한다. 188단에는 이러한 이야기가 실려있다.

한 사람이 부모에게 "설법을 생활의 수단으로 삼는 설경사⁴가 되거라."라는 권유의 말을 들었다. 이 말을 들은 그는 설경사가 되기 위해 가장 먼저 말타기를 배웠다. 사람들이 설법을 듣기 위해 말을 데리고 와 그를 모셔가려고 할 때, 낙마한다면 어설프고 한심하게 볼 것이라는 생각에서였다. 더불어 설법이 끝난 뒤 그 집에서 술이라도 권하면 그 자리에서 선뜻 부를 수 있도록 유행가도 연습했다. 아무런 재주도 없는 사람으로 보여 비웃음을 사고 싶지 않았기 때문이다. 이 두 가지 재주를 배우고 익히면서 요령을 터득하게 되자 그는 점점 더 잘하고 싶어져 바지런히 연습했다. 그러나 그 일에만 몰두한 나머지 가장 중요한 설경은 배우지도 못한 채 나이를 먹고 말았다는 이야기다.

젊은 시절에는 여러 가지 일에 뜻을 두어 이름을 알리거나 권위를 얻고자 하지만, 아직 시간이 많다는 생각에 게으름 피우며 눈앞에 보이는 일에만 신경을 쏟아 세월을

---

4 경전을 해설하여 교의를 전하는 승려.

허비하기 쉽다. 그러다 보면 정작 어느 것 하나에도 숙달에 이르지 못한 채 속절없이 늙어가는 것이다. 이런 상황을 '가파른 고갯길을 내달리는 수레바퀴'에 빗댄 것은 대단히 강렬하면서 인상 깊은 표현이다.

요컨대, 여기서 겐코가 말하는 것은 에너지를 적당히 분배하거나 분산하는 것이 아니라 의식의 '집중'이다. 일생을 통해 반드시 실현하고 싶은 바람들 가운데 어느 것이 가장 간절한지 비교해 보고 그중 한 가지를 정했다면 "그 이외의 일들은 배제하고 오로지 그 일에만 몰두해야 한다."고 단호히 말한다.

"한 가지 일을 반드시 이루고야 말겠다고 결심했다면, 그 밖의 일이 부족해지는 것에 상처받을 필요도, 사람들의 반응에 일일이 신경 쓸 필요도 없다. 만사에 관심을 두고 마음을 써서는 한 가지 큰일을 이룰 수 없다." 이 말은 도겐(道元)[5]이 《정법안장수문기》에 기록한 "마음을 끊어내지 않으면 생각한 일은 절대 이루지 못하리니."와도 상응하는 말이다.

---

5   1200년대에 일본에서 활동하던 선종 승려.

이 말을 알게 된 것은 마침 내가 입시 준비를 할 때였다. 나는 이 말을 내 나름 '단일화'라는 콘셉트로 해석하고 받아들였다. 여기저기 적당히 발을 담그고 슬쩍슬쩍 파보는 것이 아니라, 여기다 싶은 한 곳을 정해 온 힘과 마음을 쏟아 저 깊이 암반까지 뚫어나가다 보면 언젠가는 마르지 않고 샘솟는 우물을 파낼 수 있으리라는 신념이 끓어올랐다.

이 말은 무언가 기술을 얻고자 하면, 양적인 축적이 선제 되어야 질적인 변화를 끌어낼 수 있다는 결론으로 이어진다. 미시적인 집중도 필요하지만, 그보다 더 중요한 것은 자신이 지금 무엇에 집중해야 하는지 판단하는 거시적 관점이다. 물론 이 작업은 한 사람이 가진 삶의 의미를 좌우할 만큼 중요한 사안이므로 판단하기 쉽지 않은 것이 사실이다.

겐코는 바둑에 얽힌 에피소드를 소개하며 이 점을 다시 한번 강조한다. 바둑에서는 작은 이익을 버리고 큰 이득을 취할 줄 알아야 한다. 바둑돌 세 개를 버리고 열 개를 선택하기란 어려운 일이 아니다. 그러나 바둑돌 열한 개를 얻으려 열 개를 버려야 하는 선택은 대단히 어렵다.

버려야 하는 바둑돌이 많아질수록 아깝다는 생각이 더욱 강해지기 때문이다. 하지만 겐코는 더 큰 것을 얻기 위해서는 작은 것을 과감히 버릴 줄 아는 거시적 관점이야말로 한 사람의 인생을 좌우하는 강력한 무기임을 강조한다.

도의 달인

겐코는 '달인'을 높이 평가한다. 설령 고상한 일이 아니더라도, 그 일만큼은 전문가다운 자세로 식견과 기술을 연마한 사람에게는 경의를 표한다. 나무 타기 달인이나 쌍륙 놀이 달인의 이야기에서 겐코의 이러한 관점을 엿볼 수 있다.

무엇보다 겐코 자신이 '도'에 강한 의식이 있는 인물이었다. 궁극의 도를 추구한다는 것은 단순히 특정 영역에 속한 일만 잘하려는 의지가 아니라, 무언가의 경지에 도달하고자 하는 의식이다. 겐코는 다양한 영역의 달인을 소개하지만, 결코 만능형 인간을 추앙하는 것이 아니라 각 영역의 도가 높은 경지나 수준에 도달해 있는 상태를 높이 평가했다.

이러한 겐코의 인식이 다음 한 문장에 응축되어 있다.

"무슨 일이든 그 도를 깨우친 사람은 존귀하다."

무슨 일이 되었든 전문가로서 도를 터득한 사람은 존경받아 마땅하다. 다음의 일화를 살펴보자.

연못으로 물을 끌어오기 위해 부근에 사는 백성들에게 수차를 만들게 했다. 막대한 경비와 오랜 시일을 들이고 많은 사람의 힘을 쏟아 완성했지만, 수차는 도무지 돌아갈 생각을 하지 않았다. 그러다 이번에는 수차에 정통하다는 어떤 사람에게 일을 맡겼더니, 그는 크게 힘도 들이지 않고 수차를 뚝딱 만들어냈고, 수차는 언제 그랬냐는 듯 잘만 돌아갔다. 물론 수차 한 대 완성한 사실만으로 이렇게까지 유난스럽게 다룰 만한 일은 아니지 않냐고 생각할 수도 있지만, 여기서 우리가 주목할 점은 겐코가 한 분야에서 도를 터득하고 프로의 반열에 오르는 과정을 이토록 높게 평가한다는 것이다.

다시 말해서 겐코는 '도의 달인'을 좋아한다. 그에게는 한 가지 일에 몰두하고 끈기 있게 지속하는 사람은 결국 무언가를 손에 넣기 마련이라는 확신이 있었다. 안타까운 점은, 겐코가 끊임없이 '도'를 추구했지만, 정작 자신은 끝내 무언가 '도'라고 부를 만한 것에 자신을 오롯이 바치지 못한 아쉬움이 늘 남아있었던 것으로 보인다.

겐코는 교토에 있는 우시다 신사 신관의 아들로 태어났다. 그는 어릴 때부터 매우 총명하고 두뇌가 명석했던 모양이다. 《쓰레즈레구사》의 마지막 단인 243단의 일화는 이러한 추정을 가능하게 한다. 겐코는 8살 되던 해 그의 부친에게 "부처란 무엇인가요?"라고 물었다. 아버지가 "사람이 부처가 된 것이다."라고 대답하자 어린 겐코는 또다시 "사람이 어떻게 부처가 된 것일까요?"라고 물었다. 겐코의 아버지가 다시 "부처의 가르침을 따르면 부처가 된다."라고 답하자, 이번에는 "그럼 부처는 그 가르침을 누구로부터 배운 걸까요?"라고 재차 되물었다. 결국 그의 아버지는 할 말을 잃고 그저 웃어버렸다고 한다.

여기서 그는 어린 시절부터 이미 총명하고 탐구심이 풍부했지만, 꾸밈없고 굳건하게 한 가지 도에 계속 정진하기에는 적합하지 않은 성향의 소년이었음을 알 수 있다. 태생적으로 총명하고 재주가 뛰어나 어린 나이에 이미 와

카(和歌)[6]에 소양을 보였지만, 겐코의 생활을 엿보면 전문가의 경지에 오르는 과정과는 다소 차이가 있었던 것이 사실이다. 겐코의 집안 자체가 불도를 따랐고, 겐코 자신도 불도가 '도'의 대표라고 생각은 했지만, 불도 수행에 본인을 온전히 바치려는 생각은 전혀 없었다.

물론 와카의 도를 터득하는 일에 상당한 에너지를 쏟았지만, 결과적으로 봤을 때 완전히 탁월한 수준까지 이르지는 못했다. 본래 겐코의 바람은 구체적인 기술과 연결된 전문가로서의 도를 추구하고, 일정한 경지에 도달하는 것이었다.

그러나 당시 사회적 분위기는 태어난 집안의 가업에 따라 전문성을 규정짓는 경향이 강했다. 이렇게 피치 못한 사정도 있었기에 확실한 '도' 한 가지를 파고들어 완성하지는 못했지만, '달인'을 계속 동경해 온 때문인지 겐코의 《쓰레즈레구사》에는 다양한 영역의 달인들 이야기가 많이 실려 있다.

---

6   일본 정형시의 한 형태. 5-7-5-7-7조의 31자에 시상을 압축하여 담아야 하며 일본 중세 귀족들에게는 필수적인 교양이었다.

무언가 '도' 한 가지를 완성한 사람이 숙달론을 정리하여 기록을 남긴 경우도 적지 않다. 하지만 숙달론이 보편적인 것이라고 한다면, 오히려 여러 갈래의 도를 추구하고 다양한 영역에서 도를 닦고 그 영역들의 달인을 동경하며 요령이나 근원적 의식에 귀를 기울이는 사람이야말로, 숙달의 원리에 부합하는 사람이라고 할 수 있다. 겐코는 표면적인 현상만으로는 전혀 다른 영역의 활동들이지만, 그 속을 관통하는 공통적인 숙달의 원리를 발견하는 안목을 가진 사람이었다.

가치가 있는 활동에서만이 아니라, 자잘하고 보잘것없어 보이는 일들에서도 그 나름의 도를 찾아내어 달인이 되고자 하는 의지를 가져야 마땅하다고 강요할 수는 없다. 그러나 많은 사람에게는 달인을 동경하는 마음이 강하게 잠재해 있다. 전문가적 기술에 경의를 표하는 정서가 전 세계 공통의 인식이라는 데 이견을 가진 사람은 드물 것이다.

대부분의 일본 사람은 국어 교과의 고전 수업을 통해 《쓰레즈레구사》를 처음 접하게 될 것이다. 일본의 국어 교과서에는 다양한 고전들이 실려 있고, 《쓰레즈레구사》도 그중 하나로 등장한다. "이렇다 할 일도 없이 지루하고 심심하여, 하루 종일 벼루를 붙잡고, 마음속에 오가는 부질없는 생각들을 두서없이 쓰노라니, 이상하게도 기분이 복받쳐 나도 모르게 미칠 것만 같구나."라는 서문으로 시작하기 때문에, 혹자는 불교의 염세적 세계관을 나타내는 것 정도로 치부하기 쉽다. 그러나 겐코의 이야기는 현대생활에도 그대로 통용할 만큼 예리하고 미래지향적이다. 그런 의미에서 봤을 때《쓰레즈레구사》는 일반적인 고전들과는 결이 조금 다르다.

물론 일본의 국어 수업에서 겐코를 숙달론의 대가라고 가르치지는 않는다. 따라서 겐코의 이야기가 전혀 다른 내용의 글들과 나란히 자리하는 경우도 있다. 예를 들면, 가지가 휠 정도로 열매가 많이 열린 밀감나무 주변에 울타리를 쳐 놓은 집을 보고 '저토록 인색하니 차라리 저 밀감나무가 없는 것이 나을 뻔했다.'라고 느낀 이야기와 나무 타기 달인이나 화살 이야기를 하나의 주제로 묶어 소개하기도 한다. 생각하기에 따라서는 겐토의 다채로운 면모를 나타내는 것이라고 볼 수 있지만, 일본 문학이나 문화에서 요시다 겐코라는 인물이 차지하는 가치를 제대로 부각해 주는 방법은 아니라고 생각한다. 겐코가 숙달론의 달인이라는 관점을 갖고《쓰레즈레구사》를 읽어보면, 작품 속 이야기들을 관통하는 뚜렷한 중심 사상이 눈에 들어올 것이다.

달인 체험

《쓰레즈레구사》에는 닌나지(仁和寺)[7]의 한 스님이 비웃음과 교훈의 대상으로 자주 등장한다.

52단에서는 한 스님이 나이를 먹도록 이와시미즈에 있는 하치만구신사(石淸水八幡宮)[8]를 참배한 적이 없어, 어느 날 크게 마음을 먹고 참배의 길을 떠나는 이야기가 나온다. 그런데 그 스님은 이와시미즈에 대해 전혀 아는 바가 없던 터라 엉뚱한 길을 따라 이동했고, 결국 하치만구

---

[7] 일본 교토시에 위치한 진언종 신사파의 총본산인 사원. 교토 문화재의 일부로 유네스코 세계유산으로 지정되어 있다.

[8] 일본 교토부 야와타시에 위치한 신사로, 일본 3대 하치만구의 하나로 꼽힌다. 황실의 종묘와도 같은 역할을 했으며, 일본의 국보로 지정되어 있다.

신사에 딸린 고쿠라쿠지 정도만 한 번 둘러보고 '이런 데였구나, 별거 없네.' 하고 만족해하며 돌아왔다. 절로 돌아온 스님이 동료들에게 "오랜 염원을 드디어 풀었습니다. 듣던 것보다 훨씬 웅장하고 훌륭하던걸요. 참배객들이 모두 산 위로 올라가기에 왜 그런지 궁금해서 따라가 보고 싶은 마음도 있었지만, 본래의 목적은 하치만구 신사 참배라고 생각해서 산 위까지는 가보지 않고 그냥 돌아왔습니다."라고 말했다. 정작 이와시미즈의 하치만구 신사는 산 위에 있었지만, 그 스님은 그것을 알지 못했다.

이 일화를 짧게 응축한 다음 문장은 일본 사람들에게서 유명한 표현이다.

"사소한 일이라도 먼저 깨달은 자의 지혜를 빌리라."

이 말은 실로 보편성이 높은 격언이라고 할 수 있다. 일상생활에서 수시로 일어나는 크고 작은 사고나 실패 상황에 이 격언을 대입해 보면 어떨까. 소크라테스가 역설한 '무지의 지'와 같이, 우리 인간은 자신이 모르는 것이 무엇인지 정확하게 알지 못한다.

자기가 모르는 것이 무엇인지 깨닫기 위해서는 그에 걸맞은 수준이 필요하다. 이와 마찬가지로 숙달의 경지에 이르기 위해서는 자신이 아직 터득하지 못한 대상에 대한 예감이나 비전을 가지는 것이 중요하다. 미처 경험하지는 못했지만, 그것을 머릿속으로 그려보고, 터득하기 위한 연습 매뉴얼을 세울 수 있으면, 숙달에 이를 수 있는 확실성이 강해진다. 자신의 무지를 인식하고 나아가 도를 향한 이상을 세우는 습관이 배지 않은 사람은, 잦은 실수와 시행착오에 따른 낭비가 많아서 숙달에 이르기가 마음처럼 쉽지 않다.

'앞서 깨달은 자'는 자기에게 도의 방향을 밝혀주는 존재다. 이러한 안내자가 있고 없음에 따라 숙달의 경지로 가는 속도는 현저한 차이를 보인다. 좋은 안내자를 찾으려는 노력도 하지 않고, 자기 감각과 재능으로 도를 이루려는 비전도 세우지 않는다면, 난나지의 스님처럼 일정 수준까지 도달한 후 '이 정도면 되겠지' 하며 안일하게 생각하고 숙달에 이르기를 단념하고 만다.

그런 의미에서 볼 때, 먼저 깨달은 자는 이러한 실수를 미리 막아줄 뿐 아니라, 숙달로 가는 데 걸림돌이 되는 불안감을 제거해 준다. 스포츠에서도 오랫동안 깨지지 않던 기록을 어떤 한 선수가 깨기 시작하면, 기다렸다는 듯

속속 기록이 경신되기도 한다. 물론 시대가 변하고 과학이 발전하면서 스포츠 관련 기술이 향상하기 때문이기도 하지만, 그보다 결정적인 계기는 심리적인 불안이 사라졌다는 사실이다. 전혀 불가능할 것 같았던 기록을 누군가 돌파함으로써 자신도 할 수 있다는 가능성을 확신하게 되는 것이다. 기록이란 인간의 힘으로 얼마든지 깰 수 있다는 사실을 깨우침으로써 솟아오르는 에너지는 실로 거대하다. 즉 확신을 두고 임하는지 아닌지에 따라 숙달의 성공 여부가 갈리는 분기점이 되는 것이다.

잃어버린 물건을 찾을 때도 마찬가지다. 분명히 어떤 특정 교실에서 잃어버렸다는 확신을 하고 찾는 경우와 그 교실이 맞는지 아닌지 확신할 수 없는 상태에서 찾는 경우는 그 결과가 확연히 다르다. 확신하고 찾는 경우에는 물건도 빨리 찾는다. 하지만 애매모호하고 불안한 마음으로 찾으면 몇 번씩 같은 곳을 들춰도 발견하기 어렵기 마련이다. 불안한 마음으로 행동할 때와 확신에 차서 움직일 때는 행동부터 다르다는 것이다.

비슷한 예로, 시드니 올림픽에 참가했던 일본 수영 선수단의 이야기를 소개한다. 국가대표 수영 선수들의 트레이닝 중에 와이어로 몸을 잡아당기는 훈련이 있다. 이 훈련은 세계기록과 같은 빠르기를 몸으로 직접 느껴보게 하기 위한 것으로, 수영 선수들의 몸을 와이어로 묶은 다음 물리적으로 끌어당기며 그들의 페이스를 세계기록에 맞추는 방법이다. 이 훈련의 목적은 세계기록을 자기 몸으로 직접 느껴보면서, 그 수준의 감각을 체화하여 숙달에 이르는 데 필요한 힌트를 주는 것이다.

그와 동시에 세계 수준의 수영이 어떤 것인지를 낱낱이 체험하게 함으로써 막연한 불안감을 제거해 주는 효과도 있다. 안개 속에서 헤매는 듯한 기분으로는 문제를 극복하기 어렵다. 구체적인 차이점을 깨닫게 됨으로써 막연한 불안감은 사라지고 선명한 과제 의식이 싹튼다. 먼저 깨달은 자의 수준과 기술을 직접 체험한다는 의미에서 볼 때, 와이어 훈련은 매우 중요한 숙달의 비결을 포함한 방법이다.

닌나지의 스님이 끝내 오르지 않았던 '산'은 숙달의 이치를 비유한 것이라 할 수 있다. 본래 도달해야 할 산은 다른 수준이지만, 그 산의 높이가 의미하는 바를 제대로 이해하지 못하고 낮은 수준에서 만족해 버리는 사람의 태도를 꼬집어 '산 위의 신사'에 비유한 것이 아니었을까. 산에 '오른다'는 행위는 단순한 길 안내라기보다 '오른다'라는 행위가 숙달론을 형상화한 이미지와 절묘한 조화를 이룬다. 높이 오를수록 눈앞에 펼쳐지는 풍경도 넓어진다. 숙달의 이치도 마찬가지다. 높은 산에 오른 사람들만이 볼 수 있는 풍경은 오르지 못한 사람들의 그것과는 확연히 다를 것이라고, 겐코는 확신했던 것이리라.

숙달론의 교과서를 찾는 습관

《쓰레즈레구사》를 숙달론의 교과서로 추천하는 데에는 바람이 있기 때문이다. 물론 《쓰레즈레구사》에 숙달과 연관된 글만 실려 있는 것은 아니다. 매우 방대하고 다양한 삶의 모습을 담은 이야기들이 실려 있다. 하지만 관점을 바꾸어 숙달의 원리를 깨닫기 위한 교과서로 보게 되면 지금껏 알고 있던 《쓰레즈레구사》의 이미지와 사뭇 다른 매력들이 눈에 들어오기 시작한다. 여기에서 강조하고 싶은 것은 여러 가지 상황과 모든 이론을 숙달의 보편적 원리로 바라보는 습관, 그 자체다.

이러한 관점에서 봤을 때, 숙달론의 교과서가 될 만한 것은 책 이외에도 상당히 많다. 예를 들어 전기가 그것이다. 전기는 한 사람의 생애를 사실 중심으로 엮은 것이다. 하지만 그것을 읽는 독자는 단순히 그 인물의 생애만 읽어 내려가는 것이 아니라, 현재와 미래의 자신이 향상하는 데 참고가 될 만한 점을 눈여겨보며 읽는다. 어린 시절에 읽은 한 권의 위인전이 각인되어, 인생을 살아가는 데 기본적인 숙달의 논리로 작용하는 경우도 있다. 물론 숙달의 원리를 터득하기 위해 의식적으로 전기를 읽을 필요는 없지만, 계속 읽다 보면 결정적인 힌트를 얻을 수 있다.

시바 료타로(司馬遼太郎)[9]의 소설이 직장인들에게 인기 있는 이유는, 그것이 사회생활을 하는 데 참고할 만한 힌트를 포함하고 있기 때문일 것이다. 단순히 역사적 사실만을 기록한 것이 아니라, 삶의 방식에 지침이 되는 요소를 가득 담고 있기 때문이리라.

---

9 일본의 지식인이자 소설가로 등단하기 전 16년간 신문 기자로 활동했다. 대표작으로는 역사소설인 《료마가 간다》, 《언덕 위의 구름》 등이 있다.

독자들은 설령 주인공과 자신이 처해 있는 상황이 다르더라도, 현재의 자기 삶에 응용할 만한 점들이 있을 거라는 기대감으로 소설을 읽어 나간다. 소설 속에 등장하는 주인공은 본인의 인생을 만들어 나가는 데 탁월한 재능을 보인다. 그도 그럴 것이 숙달의 보편적 원리를 터득하지 못한 인물을 전기의 주인공으로 설정하는 일은 없을 테니 말이다. 그뿐 아니라 기본적인 숙달의 논리 외에도, 그 인물의 고유한 스타일을 엿볼 수 있을 때 비로소 주인공으로서의 매력이 부여되는 것이다.

숙달의 원리를 깨닫기 위한 교과서로 영화를 선택할 것인지 스포츠를 고를 것인지에 따라 관점은 달라진다. 무엇이 되었든 거기에서 얻어지는 힌트 하나하나가 그 나름의 의미가 있다는 점은 부정할 수 없다. 그러나 중요한 것은 이러한 숙달론적인 관점을 일상의 다양한 활동 속에 녹여 습관으로 만들며 '기술화'하는 일이다.

깊은 의미를 함축하고 있는 매체 무언가를 숙달론의 교과서로 삼는 것은, 어쩌면 같은 주제를 다루고 있는 책을 읽을 때 이상의 효과를 기대할 수 있을지 모른다. 이 '무언가'는 자신이 좋아하는 영화든 만화든 상관없다. 혹은 다큐멘터리나 인터뷰여도 좋다. 넓은 의미에서 모든 읽을거리와 매체를 숙달론의 교과서로 활용함으로써 숙달의 요령을 훔치는 안목을 기를 수 있을 것이다.

'격언화'의 효용

《쓰레즈레구사》에는 숙달론의 격언으로 삼고 싶은 명언들 또한 다수 실려 있다. "자신의 영역에 속하지 않은 사람과 경쟁하거나 시시비비를 논하지 말라(193단)." "달인이 사람을 보는 안목에는 한 치의 오차나 실수가 없나니(194단)." "어떤 것에도 의지하지 말라. 어리석은 사람은 타인에게 깊이 의지함으로써 원망하고 화를 낸다(211단)." "젊은이는 사소한 일로 인정을 받기도 하고 나쁘게 보이기도 한다(232단)." 등의 말들을 기억해 두면, 현실 속 다양한 현상을 바라보고 이해하는 데 큰 도움이 될 것이다.

들어보면 너무나 당연한 이야기인 것 같아도, 자기 인생의 격언으로 삼고 본인의 기술로 체화하면 훗날 커다란 효력을 발휘한다. 그리고 "고쳐서 이익이 되지 않는 것은 굳이 고치려고 하지 말라."는 말은 짧은 문장이지만, 유난히 내 마음에 울림을 주었다. 127단은 딱 이 한 문장뿐이다. 어려운 상황에 빠지거나 불황이 닥치면 사람들은 어떤 식으로든 변화를 추구한다. 그런 경우, 모든 것을 한꺼번에 바꾸려고 하다가 자신의 좋은 부분까지 잃을 위험성이 있다. 또한 형식적으로 '변혁을 위한 변혁'에 모든 에너지를 소비하고 마는 꼴이 되기도 한다. 그러므로 '고쳐서 이익이 되지 않는 것'이 무엇인지, 변함으로써 오히려 부정적으로 작용할 수 있는 것은 무엇인지를 명확하게 파악하는 작업이 선제 되어야 한다.

어떠한 문장이나 어휘를 '격언화' 해두면 일상에서 맞닥뜨리는 상황을 판단하는 눈이 길러진다. 무엇보다 격언화 작업을 기술 습득의 과정으로 보는 관점 자체가 중요하다. 고전에 등장하는 명언들은 겉으로 드러나는 내용 그 자체의 가치보다, 명언을 암송하여 격언화 함으로써 생활 속 기술로 발휘할 수 있다는 점에 진정한 가치가 있다.

마지막으로, 요시다 겐코가 '숙달론의 대가'임을 직관적으로 보여주는 문장을 인용하고자 한다.

"실력 있는 세공사는 약간 무딘 칼을 사용한다. 불상

조각의 대가였던 메우쿠완의 칼은 거의 들지 않았다."

세공사나 조각가들 가운데 진정 실력 있는 사람은, 날이 무뎌져 잘 들지 않는 칼을 즐겨 사용한다고 한다. 명인으로 불리는 메우쿠완의 칼도 둔했다는 내용이다. 229단은 이 한 문장뿐으로 다른 힌트는 없다.

"홍법 대사는 붓을 나무라지 않는다."는 속담이 있다. 그러나 실제로 명인이나 달인들은 자신이 사용할 도구를 고를 때만큼은 신중히, 자신에게 가장 익숙하고 본인의 기술과 가장 조화를 잘 이룰 수 있는 훌륭한 도구를 사용하고 싶어 한다. 따라서 이 격언이 뜻하는 바는 단순히 그다지 훌륭하지 않은 도구라도 명인들이 사용하면 제 기능을 발휘한다는 의미는 아닐 것이다. 이 격언은 무려 20년 동안이나 내 마음에 살아 숨 쉬며 결단을 내려야 하는 순간마다 결정적인 영향을 주었다.

이 격언이 떠오르는 경우는 예를 들어, 콘셉트를 잡거나 무언가 개념을 정의해야 할 때다. 개념이라고 하는 것은 현실을 헤쳐 나가는 도구와 같은 것이다. 같은 칼이라도 개중에는 칼날이 예리한 것이 있고 무딘 것이 있다. 물론 칼날이 너무 무디면 아무런 도움이 되지 않겠지만, 지나치게 예리하고 직선적인 개념은 대중에게 보급되기에 조금 부담스러운 경우도 있다. 그러므로 그 칼을 사용하는 사람이 뛰어난 솜씨를 가졌다면, 차라리 약간 무딘 콘셉트를 사용하는 편이 효력을 발휘하는 데 도움이 될 수 있다.

고시하라문화(腰肚文化)[10], 적극적 수동성, 추진하는 힘, 질문력 같은 개념을 만들어 낼 때, 내가 주의했던 부분이 바로 날카롭게 파고드는 개념보다, 약간 무디더라도 부담 없고 손쉽게 받아들일 수 있는 개념을 만드는 것이었다. 이 책의 핵심 주제어와 같은 '스타일'이라는 말도 일상적으로 쓰이는 말로 그다지 예리하거나 날카로운 이미지의 개념이 아니다. 연구자의 날카로운 의식을 오롯이 반영한 개념이라고 해서 반드시 바람직하고 고차원적인 개념이라고 볼 수는 없다.

---

10 저자인 사이토 다카시가 주창한 개념으로, 일본에는 전통적으로 허리와 배의 감각을 단련함으로써 집중력을 기르는 문화가 있었다는 분석에 따른 이론이다. 인간의 신체를 의식과 같은 것으로 취급하는 신체론 – 심신일원론을 근거로 하고 있다. 그는 바르게 서거나 제대로 앉는 연습을 통해 집중력과 끈기를 기를 수 있다는 점을 여러 교육서를 통해 역설했다. 국내 출간 도서인 《오래 앉는 아이》, 《10살 전에 완성하는 공부 집중력》, 《공부 집중력》, 《사이토 다카시의 교육력》, 《독서력》 등 다수의 도서에서 해당 이론을 바탕으로 한 그의 교육 제언을 확인할 수 있다.

세공에서도 "내 기술이 어떤가, 정말 훌륭하지 않은가." 하며 장인의 의도가 지나치게 드러나는 세공은 아무래도 멋이 조금 덜하고, 보는 맛이 없다. 기술을 너무 강조한 세공은 진정 좋은 세공이 아니라는 뜻이다.

모차르트의 음악은 한껏 기교를 부렸다기보다 귓가에 스미는 듯한 느낌을 준다. 피아노 소나타 같은 곡들은 너무 간단해서 피아니스트들은 오히려 더 힘들다고 할 정도다. 듣는 사람에게는 자연스럽게 녹아들지만, 깊이 음미할 만한 매력이 있는 작품. 이러한 작품에는 보통 사람이 알 수 없는 무언가가 있다. 작곡가가 가진 의식의 날카로움이 곡 전면에 드러나지 않고, 곡 자체가 자연스럽게 흘러 들어온다. 우리는 이러한 곡을 가리켜 명곡이라고 한다. 모차르트는 쉴 새 없이 용솟음치는 아이디어를 노골적이고 날카로운 형태로 세상에 내놓기보다, 조금 무딘 칼로 곡을 구성하였기에 편안한 작품이 만들어졌음을 느낄 수 있다.

기술만 자랑하는 듯 보이는 작품은 오히려 존재감이 희박하다. 완벽에 가까운 기술을 가진 사람은 의도적으로 다소 무딘 칼을 사용하여 작품에 존재감이나 리얼리티를

불어넣어 주는 것이 요령이리라. 물론 훌륭한 세공사가 되기도 전에 무딘 칼을 사용해야 한다는 마음가짐을 가진다는 것이 조금 어색할 수도 있지만, 적어도 나에게는 이 이야기가 귀중한 격언으로 자리하고 있으며 내 삶 속에서 기능을 발휘하고 있다.

이상과 같이 《쓰레즈레구사》를 숙달에 이르는 교과서로서 다루어보았다. 요시다 겐코는 영역과 장르를 초월하여, 달인이 터득하고 있는 보편적 요령을 명확하게 제시해 주었다. '숙달의 비결'을 향한 겐코의 강렬한 열정 이면에는 살아가는 의미를 찾으려는 소망이 엿보인다. 그것은 단순히 무엇을 잘하면 좋다는 기능적인 의미가 아니다. 그렇다고 해서 최선을 다하고 있다는 기분만으로도 충분하지는 않다. 결론적으로 '숙달의 비결'을 터득하는 것이 삶의 의미를 손에 넣는 것임을 가슴에 새겨야 할 것이다.

제5장

신체 감각을
기술화하라

두뇌를 단련하는 유아 교육

숙달은 곧 기술의 습득이다. 기술을 습득하기 위해서는 반복해서 연습하고, 양적인 축적이 질적인 전환으로 이어지는 그 타이밍을 놓치지 않는 것이 중요하다. 멍하니 기계적으로 반복하는 것만으로는 의미가 없다. 지금 자신이 하는 일을 선명하게 의식하면 숙달에 이르는 데 가속도가 붙는다.

어떤 일을 반복하다 보면 그것을 더 효과적으로 하는 요령을 터득하는 순간이 있다. 이런 순간은 일정 수준의 시간을 투입하고 집중력을 유지해야만 찾아온다. 그 세계에 완전히 몰입하여 자신이 하는 일을 선명하게 의식하는 시간이 일정한 수준 이상으로 지속되었을 때 비로소 요령이 손에 잡히는 것이다. 기껏 긴 시간 연습을 했어도 집중력이 동반되지 않으면 요령이 몸에 배는 순간은 찾아오지 않는다.

다시 말해서 숙달의 비결은 집중력의 지속 여부가 관건이다. 하지만 한 가지 일에 상당 시간의 집중력을 지속하는 것은 어른에게도 쉽지 않은 일이다. 다른 사람의 이야기를 듣고 있다가도 여기저기로 신경이 분산되는 경험을 해 본 적이 있을 것이다. 이처럼 집중력을 유지하는 것 자체가 하나의 기술이기 때문에, 연습을 통해 단련하면 집중력을 지속하는 시간을 늘릴 수 있다.

흔히 어린아이는 어른에 비해 집중력이 떨어진다고 생각한다. 나 역시 그런 생각을 하고 있었지만, 얼마 전 한 유치원에서 놀라운 광경을 목격하고는 생각이 크게 달라졌다. 오사카에 위치한 파도마(Padoma) 유치원[1]의 수업

---

[1] 일본 오사카에 위치한 불교식 사립 유치원으로 카드놀이, 시 낭송 교육, 맨발 운동 등 독특한 교육 과정으로 일본 내에서 이름나 있다. 2005년 국내 출간된 저자의 책 《10살 전에 완성하는 공부 집중력》에 이곳 교육 방식의 특장점이 상세히 소개되어 있다.

장면을 견학할 기회가 있었다. 이곳에서는 전뇌 교육이라는 이름으로 우뇌와 좌뇌를 포함한 두뇌 전체를 활성화하는 교육을 목표로 하고 있었다.

그곳에서 아이들은 나이를 막론하고 모두 한시를 낭송하고 있었다. 이백의 〈정야사(静夜思)〉나 맹호연의 〈춘효(春曉)〉, 두보의 〈춘망(春望)〉 등 비교적 친숙한 작품부터 두보의 〈등악양루(登岳陽樓)〉와 같이 긴 시에 이르기까지 작품의 폭도 상당히 넓었다. 병아리 같은 아이들이 길고 어려운 한시를 힘차게 낭송하는 모습은 말 그대로 장관이었다.

낭독 속도도 상당히 빨랐다. 느긋하게 낭송한다기보다 또박또박 시원시원하게 빠른 템포로 읽어 내려간다는 표현이 어울리는 모습이었다. 제대로 낭송하지 못하는 몇몇 아이들은 주변 친구들의 리듬에 입을 맞추다가, 확실하게 아는 부분이 나오면 더욱 큰 소리로 낭송하곤 했다. 템포가 빠르고 리듬감이 좋기 때문인지 아이들은 신이 나서 힘차게 읽어 내려갔다.

어른들도 외우지 못하는 한시를 어린아이들이 척척 낭송하는 장면은 적잖이 충격적이었다. 아이들이 낭송하거나 암송하는 것은 한시만이 아니었다. 속담이나 선인들의 명언, 국내외 유명 시인들의 작품이나 글 등 장르도 다양했다.

아이들 모두가 워낙 큰 목소리로 빠르게 낭송하는 바람에, 한 편의 시를 읊는 데 1분이 채 안 걸린다. 짧은 한시 같은 경우는 5초에서 10초면 끝이 난다. 이 과정을 한동안 지속하기 때문에 1분 동안 꽤 여러 편의 한시를 낭송하게 된다. 5분에서 10분 동안 한시와 장시를 쉬지 않고 낭송하는 것이다. 이것은 경이로울 만큼의 뛰어난 시간 감각이다. 그 교실에서는 1분, 아니 10초라는 시간만으로도 두뇌가 발달하기에 충분한 시간임을 알 수 있었다. 한시를 5초나 10초 만에 낭송할 수 있다는 사실을 직접 목격하고 나자, 선명한 의식을 통한 주의 집중이 유아들에게도 충분히 가능한 일이라는 판단이 들었다.

의식의 조각을 늘려라

집중력이라는 것은 '의식 조각'의 양, 즉 의식의 많고 적음이라고 생각한다.

영화 필름은 1초에 24컷이라는 조각을 돌린다. 이러한 조각들이 뇌 속에서 작용한다고 생각해 보자. 집중력이 높은 타자는 투수의 손을 떠난 공이 자신에게 날아오는 불과 1초도 안 되는 시간 동안, 수많은 판단을 해야 한다. 어떤 종류의 공이 어느 코스로 날아오는지, 스트라이크인지 볼인지, 자기 기술 가운데 어떤 것을 활용해야 하며, 어떤 기술을 활용할 경우 어디로 날아갈 것인지 등 다양한 상황을 언어로 표현할 사이도 없이 순간적으로 판단한다. 이 찰나의 순간 활동하는 '의식의 조각'은 같은 1초라도 평상시보다 훨씬 많을 것이다.

세계 모터사이클 선수권에서 아시아 최초로 챔피언자리에 오른 가타야마 우야사이는 "초능력이란 집중력"이라는 유명한 말을 남겼다. 레이서에게 1초는 결코 짧은 시간이 아니다. 시속 300km로 달리고 있을 때라도 집중력이 극한으로 높아진 상태라면 주변 풍경이 선명하게 눈에 들어온다고 한다. 1초 동안 활동하는 의식의 조각이 많을수록 시간이 흐름을 더디게 느낀다. 가타야마는 시속 300km로 달릴 때의 감각을 이렇게 표현한다.

"500cc GP머신은 다른 모터사이클과 비교할 수 없을 만큼 빠른 속도를 자랑한다. 하지만 속도가 올라갈수록 내 눈에는 거리 풍경이 느리게 들어온다. 마치 슬로모션처럼 말이다. 그러다 주변이 가장 느린 속도로 눈에 들어오고 스로틀(흡기량을 조절하는 밸브)을 조금 더 열 수 있겠다 느끼는 그 순간이 바로 극한의 속도다. 스로틀을 완전히 열어버리면 다음에 일어날 사태는 전복뿐이다. 그리고 바로 그 순간의 판단으로 일류인지 이류인지가 판가름 나는 것이다. (중략) 아주 세세한 부분까지 모두 보인다. 노면의 먼지 하나부터 살짝 솟아오른 돌기 하나까지 보려고만 하면 다 볼 수 있다. 바로 내 앞에서 달리고 있는 바이크의 바퀴에서 튕겨 나온 작은 돌멩이의 부스러기까지 보인다면 믿어지는가. 그것이 사이클의 헤어 나올 수 없는 매력이다."

뇌의 의식 조각을 늘리려면, 템포가 빠르고 집중의 정도가 강한 환경 속에 자신을 맡겨버리는 것이 가장 빠른 길이다. 주변의 템포가 빠르면 자신의 의식을 자연스럽게 그 템포에 맞추게 된다. 혼자서 줄곧 빠른 템포를 유지하기란 습관이 되기 전까지 어려운 일이다.

앞서 이야기한 유치원에서는 2분 간격으로 미션이 달라진다. 예를 들면 '흰 구슬 주판'이라는 것이 있다. 주판을 확대한 듯 거대한 크기의 주판으로, 한 줄에 흰색 구슬이 열 개씩 달려 있다. 선생님이 말하는 숫자를 듣고 오른쪽에서 왼쪽으로 구슬을 옮겨가는 놀이다. 처음에는 1, 2, 3 순서대로 세어 나가다가, 점점 난도를 높여 2씩, 5씩, 10씩 건너뛰는 응용 계산도 하게 되는데, 이 역시 템포가 매우 빠르다. 아이들이 구슬을 만질 때마다 짤그랑거리는 소리가 울려 퍼져 교실은 언제나 활기가 넘친다. 교실 전체가 하이 템포로 움직이기 때문에 아이들 머릿속에서 활동하는 '의식의 조각'은 자연스럽게 증가한다.

긴장감 넘치고 활기찬 분위기는 리듬 감각의 도움을 받아 지속된다. 아이들의 목소리는 점점 우렁차고 또렷해진다. 큰 소리를 또렷이 내는 데에 이미 익숙해진 아이들은 노래를 부를 때도 숨을 크게 들이마시고 내뱉는 호흡법을 무의식중에 활용할 수 있게 된다. 아이들의 몸은 마치 커다란 공기통과 같다. 강력한 물살이 빠르게 흘러가는 호스처럼, 아이들의 몸은 강하고 곧게 숨결을 뿜어내며 나무줄기처럼 단단해져 간다. 흡사 인간 호스같이 에너지로 가득한 신체를 갖게 된다.

　빠른 템포로 큰 소리를 내게 되면 배도 크게 크게 움직인다. 눈치채지 못하는 사이 복식호흡을 자연스럽게 터득하게 되는 것이다. 공기가 빠르게 드나들고 대량의 공기가 순환하는 동작이 아이들 몸에 습관처럼 배게 된다. 이 과정은 의식의 조각이 증가하는 데 엄청난 효과를 발휘한다. 우리의 뇌는 산소를 공급받을수록 더욱 활성화하기 때문이다.

　요즘처럼 '쉼'과 '힐링'이라는 말이 필수로 여겨지는 시대에 불쑥 '긴장감'이라는 말을 들으면 언뜻 부정적인 생각이 들 수도 있다. 그러나 아이들은 긴장감 넘치는 공간을 싫어하지 않는다. 해당 유치원에서는 플래시 카드 교육도 진행하고 있었는데, 이는 아이들에게 한시나 단어가 적힌 카드를 아주 짧은 순간 보여준 다음 큰 소리를 내어 말하게 하는 방법이다. 짧은 시간에 이루어지는 활동이기 때문에 아이들은 긴장감이 고조된다.

　리듬과 템포를 놓치지 않고 지속하다 보면 선생님과 아이들은 힘찬 에너지를 주고받으며 즐겁게 교감한다. 이 플래시 카드 암기법은 어려운 한시나 단어를 주입하는 교육법이 아니라, 낯선 어휘를 짧은 시간 동안 기억하게 함으로써 뇌를 활성화하는 것이 궁극적인 목적이다. '힐링'의 시간은 일상에 지친 어른들에게는 필수적일지 몰라도, 아이들은 오히려 약간의 긴장감이 감도는 생동감 넘치는 공간을 좋아하기 마련이다.

뇌를 활성화하는 방법

빠른 템포로 뇌를 자극하는 상황을 상당 시간 지속한다. 이런 연습을 하루의 일과로 반영하고 꾸준히 실행하면, 지극히 평범한 아이도 '고도의 집중을 지속하는 힘'을 기를 수 있다. 이 실천법은 무언가를 단련하는 일이나 연습하는 것에 덜컥 겁부터 내며 꺼리는, 이른바 '단련 공포 신드롬'에 빠진 어른들도 눈뜨게 해 준다.

뇌를 단련한다고 하면 뇌의 움직임 자체를 활성화한다는 이미지를 떠올리는 사람도 있겠지만, 진정한 의미의 단련이란 '의식'을 지속해서 자극하는 것이다. '리듬, 템포, 반복'을 모든 활동의 기본으로 생각하고 상시 적용하면 긴장감을 지속할 수 있다.

앞서 소개한 유치원에서는 상체를 노출하고 발도 맨발로 지내도록 권하고 있다. 이는 생명력을 유지하고 질병에 대한 저항력을 높이기 위해서다. 뇌 속 구조로 설명하자면 '뇌간(Brainstem)'[2]에 해당하는 부위를 단련하는 방법이다. 이 유치원에서는 음악에 맞추어 다양한 활동을 유도하는 수업도 진행하고 있었는데, 이 수업은 '언어, 움직임, 리듬'이라는 세 가지 큰 줄기를 바탕으로 다양한 활동을 연계하여 반복하는 연습 방법이다. 뇌에서 지적 활동을 관장하는 대뇌 신피질(Neocortex)[3]뿐 아니라, 정서적인 영역을 담당하는 고피질 그리고 생명의 기본적 활동을 유지하기 위한 뇌간을 자연스럽게 활성화하여, 균형 있게 발달하도록 유도하는 것이 전뇌 교육이다. 그렇기 때문에 리듬과 템포를 중심으로 한 반복 연습은 상당히 효과적

---

2 뇌와 척수를 연결하는 부분이며 중뇌, 간뇌, 연수, 교뇌를 함께 부르는 말이다. 호흡 등 생명 활동을 유지하는 가장 기본적인 활동을 제어한다. 뇌간을 다치면 그 즉시 100% 사망에 이른다.

3 대뇌 피질에서 가장 최근에 진화한 부분을 지칭. 고등 인지 기능(감각 지각, 공간 추론, 언어, 의식적 사고 등)에 중요한 역할을 하며 인간을 포함한 영장류에서 발견된다.

이다.

적당한 템포의 리드미컬한 운동을 하면 몰입이 쉬워진다. 다리를 떨거나 껌을 씹는 행위, 빙빙 원을 그리며 도는 행동 등도 의식 집중이 쉬워지는 효과적인 방법이다. 아마 누구에게나 이런 경험이 한 번쯤은 있지 않을까. 철학의 길이나 사색의 길 같은 말이 있을 만큼, 리드미컬한 운동의 전형인 '걷기'야말로 의식을 활성화하는 데 아주 훌륭한 조력자다.

걷기를 비롯한 규칙적이고 리드미컬한 운동은 세로토닌 신경계를 자극하여 편안한 집중 상태를 만들어 준다. 예를 들면 엄청난 양의 봉투를 붙이는 등의 단순 작업은 굉장히 지루하다. 그러나 그런 작업이라도 리듬을 타며 진행하면 일종의 쾌감을 느낄 수 있다. 특히 여러 명이 함께 작업을 할 때 리듬감 넘치는 템포를 주고받으며 일하게 되면, 한없이 지루한 일도 일사천리로 진행될 뿐 아니라 지루하던 단순 작업이 어느새 즐거운 놀이로 변한다. 이는 봉투를 붙이는 작업이 그리 지적인 활동은 아니지만, 오랫동안 사용하지 않던 뇌의 부분이 활성화하여 무언가 쾌감 물질이 분비되는 것처럼 느껴지기 때문이다.

상당히 고차원적인 지적 활동으로 여겨지는 작업에도 의외로 많은 단순 작업이 포함되어 있다. 단순한 작업에 템포와 리듬감을 가미하면, 굳어져 있던 뇌를 활성화하여 단순 작업도 비교적 덜 괴롭게 해낼 수 있다.

구체적으로 뇌의 어느 부분이 활성화하는지 느끼기는 어렵지만, 자신의 뇌가 지금 어느 정도 활성 상태에 있는지 파악하기는 의외로 어렵지 않다. 그러므로 자기의식의 활성도에 항상 신경을 기울여야 한다.

내가 대학 강의에서 자주 시도하는 방법으로, 자기의식의 활성 정도를 10단계로 나누어 파악하는 '의식 도표 만들기'가 있다. 예를 들면 친구와 찻집에 앉아 대화를 나누는 상태의 활성도를 5단계라고 설정하고, 이를 기준으로 활성화의 정도를 가감해 가면서 모든 활동들의 활성도를 대략 정의해보는 것이다.

실제로 조사해보면 강의를 듣는 상태임에도 활성화 수치가 5를 밑도는 일도 있다. 교수의 강의 내용이 고차원적이고 어려운 수준이어도, 학생의 의식이 활성화하는 데는 크게 영향을 미치지 못한다는 뜻이다. 그러다 보니 한 시간 반 동안 수업에 참여했어도 뇌는 크게 활성화하거나 단련되지 않는 경우도 허다하다. 앞서 이야기한 유치원 아이들의 상황과 비교하면 오히려 유아들이 대학생보다 두뇌의 활성도가 높은 시간을 보내는 상황이 벌어지고 있는 것이다.

뇌의 활성 상태를 최고 수준으로 끌어올리는 일도 중요하지만, 뇌 활성화 정도를 판단할 수 있도록 자신만의 척도를 파악하는 일이 더욱 중요하다. 자기의식의 조각이 움직이는 속도가 현재 어느 정도인지 판단할 수 있어야, 지금 하는 작업의 질과 두뇌 활성화의 관계가 적절한지 여부를 진단할 수 있기 때문이다. 물론 일의 종류나 성질에 따라 작용하는 뇌의 부위와 활성도는 달라지기 마련이다.

내 머릿속에는 몇 명의 작업자가 깨어 있을까

10단계의 평가 기준을 마련하는 과정이 얼핏 어려워 보일지도 모른다. 그러나 방법을 달리하면 어린아이들도 쉽게 해낼 수 있다. 어린이들을 상대로 할 때 내가 자주 사용하는 방법은 "지금 여러분 머릿속에 일하는 사람이 열 명 있어요. 그런데 지금은 몇 명이 깨서 일을 하고 있나요?" 하고 물어보는 것이다.

자는 중에는 작업자 열 명 모두가 잠들어 있다. 반면에 최고로 활성화된 상태일 때는 열 명 모두가 열심히 활동하고 있는 것으로 느낄 수 있다. 공부에 집중이 잘 안되는 학생에게 이 질문을 던지면 겨우 두세 사람 정도 움직이고 있는 것 같다고 대답한다. 그러다가 컨디션이 약간 좋아 보일 때 다시 물으면, 활동하고 있다는 사람 수가 조금 늘어난다. 다시 피곤해 보일 때 물으면 당연히 깨어 있다는 사람 수가 적어진다.

이런 질문을 반복하는 동안 사람들은 본인 뇌의 활동 상태를 인지하는 일에 익숙해진다. 자기의식의 활성 상태에 관한 평가 기준을 만들고 이를 수시로 활용하는 습관을 몸에 익히면, 뇌의 활성화 수준도 자연스레 높아지는 경향을 보인다. 머릿속 작업자가 몇 명이나 깨어 있는지를 느끼고 체험하는 과정 자체가 의식의 활성화를 촉진하는 것이다.

뇌는 특별한 기구를 사용하지 않는 한, 활성화 정도

를 시각적으로 표현할 수 없다. 그렇기 때문에 본인 두뇌의 활성 상태를 파악하려면 아날로지(Analogy)[4]를 통해 이해하는 방법이 가장 효과적이다. 내가 '머릿속 작업자'라고 표현한 것도 이 아날로지의 일종이며, 자동차를 운전하는 상황에 빗대어 '변속'이라고 표현하는 것도 효과적인 비유다.

우리의 뇌가 1단에서 5단까지 수동으로 기어를 변경하는 자동차라고 가정해 보자. 매뉴얼 자동차의 경우, 처음부터 갑자기 5단으로 기어를 설정할 수 없다. 1단부터 서서히 밟아 올려야 하는 것처럼, 의식의 활성화도 차근차근 회전수를 늘리면서 그 회전수에 맞는 기어로 변속하는 것이 '뇌의 연비'를 좋게 하는 요령이다. 그러지 않고 처음부터 너무 무리하면 과열 상태가 되고 만다.

또한, 혼잡한 도심 한복판을 달리고 있는지 아니면 쭉 뻗은 고속도로 위를 달리고 있는지에 따라 기어를 사용하는 방법도 달라진다. 자기 엔진(두뇌)의 배기량을 정확히

---

4 유추하는 것으로 생소하거나 복잡한 개념을 설명하고자 할 때, 이미 알려진 것을 통해서 친숙하고 단순하게 설명·암시하는 방법.

파악한 다음 엔진 회전수에 맞추어 기어를 적절히 변속해야만 연비도 아끼고 무리하지 않고 뇌를 사용할 수 있다.

자동차 연료가 바닥나듯이 뇌에도 산소 부족 현상이 일어나기도 한다. 하지만 호흡법을 잘 익혀두면 뇌는 금방 다시 충분한 힘을 얻는다. 이때 가장 중요한 점은 '뇌의 기어 변경이라는 감각'을 가지는 것이다. 뇌는 항상 일정한 상태에 머물러 있는 것이 아니라, 언제든 컨디션이 달라질 수 있다는 사실을 인지하는 것만으로도 뇌의 활성에 자극이 된다.

우리 사회에는 흔히 내 머리가 좋은 편인지 어떤지를 다른 사람과 비교하며 확인하는 풍조가 있다. 그러나 그보다는 자신의 의식이 어느 정도의 활성 단계에 있는지를 이러한 비유를 통해 스스로 파악하는 습관을 들이는 편이 훨씬 의미 있고 효과적이다. 자기의식의 상태를 정확히 인지하는 습관을 만드는 일. 그것이 바로 뇌를 더 건강하고 긍정적인 방향으로 이끄는 원동력이다.

'감동'은 의미의 충만함에서 온다

'감동'은 숙달을 가능하게 하는 근원적인 힘이다. 감동과 동경하는 마음에서 출발하면, 자신에게 다소 벅차고 힘든 일도 견딜 수 있다. 반대로 감동이나 동경하는 마음이 없으면, 숙달의 보편적 원리를 추구하려는 의욕 자체가 일어나지 않는다. 그러나 이 '감동'이라는 말은 너무 막연해서 뭐 하나 분명한 구석이 없는 말이기도 하다.

예를 들어, 흔히 감동하면 말을 잃는다고 한다. 이 말만 들으면 감동했을 때는 머리 회전이 멈추고 텅 빈 상태가 되는 것처럼 이해할 수도 있다. 그러나 감동한 그 순간은 멍해지는 것이 아니라, 오히려 의식의 회전이 매우 빨라지는 것이 아닐까. 감동에도 여러 종류가 있다. 눈앞에 펼쳐진 대자연 앞에서 경이로움과 평안을 느끼는 상태라면 아무래도 의식이 고속 회전하는 상태라고 말하기는 어려울 수 있다. 하지만 심적으로도 지적으로도 온몸이 떨리고 전율하는 듯한 충격적인 감동도 있다. 이런 종류의 감동은 뇌 전체에 뻗어 있는 시냅스를 강한 전류가 마구 자극하며 흘러 다니는 듯한 느낌을 받게 된다.

이렇게 강한 임팩트의 감동 체험을 말로 표현할 수 없다면, 자신의 언어화 능력이 현실적 의미의 크기에 적절히 반응하지 못하고 있다는 뜻일 것이다. 찰나의 순간에 응축된 의미가 너무나도 풍부한 나머지 당장에는 올바른 표현이 불가능할지도 모른다. 이렇게 뇌가 일종의 포화 상태를 보이는 감동도 있다.

예를 들어 앞서 소개한 조각가 무나카타 시코가 고흐의 그림을 처음 마주했을 때 느꼈던 감동이란 가히 충격적인 것이었다. 이 경우, 그가 느낀 감동이라는 것은 너무 어마어마해서 그 자리에서 미처 다 표현할 수 없었기에, 그 의미를 분명히 하는 데 일생을 바치게 된 성질의 것이었다. 자신이 해야 할 일을 결정하고 추구하는 과정에서, 그 시절의 감동이 가졌던 진정한 의미가 서서히 뚜렷해지는 속성의 감동 체험이다.

지적으로 분석하려는 태도로 접근하면 감동은 멀리 달아나 버린다. 하지만 뇌가 지적인 활동을 하는 것 자체가 감동을 방해하지는 않는다. 오히려 거기에 감성적인 흥분이 연계되면 감동이 더욱 깊어진다. 즉 뇌의 일부가 아니라 우뇌와 좌뇌, 그리고 고피질과 뇌간에 이르기까지 뇌 전체가 흥분한다는 뜻이다. 집중적인 감동이야말로 전뇌적인 체험이라 할 수 있다.

댄서는 '무심'하다?

감동이라는 말 못지않게 '무심'이라는 단어도 오해를 사기 쉽다. 사람들은 '집중한 상태 = 무심'이라고 생각하는 경향이 있다. 그러나 무언가에 열중하여 몰입한 상태는, 한 걸음 떨어진 곳에서 보는 것처럼 그렇게 무심하지 않다.

전혀 미동도 하지 않고 한 가지 일에 몰입해 있는 모습은 주변 사람들의 시선을 끈다. 이에 더해 그 모습이 정열적이고 개방적이기까지 하다면, 그 퍼포먼스의 주인공인 당사자의 마음 상태가 무심하다고 느끼는 경향이 있다. 그러나 잘 들여다보면 엄청나게 빠른 속도로 회전하는 의식이 오히려 일사불란해 보이는 상태를 만들어내기도 한다.

세계적인 스타 플라멩코 댄서인 호아킨 코르테스의

춤은 정열이 폭발하는 듯 격한 춤사위가 특징으로, 무심한 움직임으로 보이기도 한다. 코르테스는 스페인 남부 안달루시아 지방 출신으로, 그 지역을 대표하는 집시 춤의 계보를 잇고 있다. 그가 추구하는 스타일의 본질은 집시·패션(열정)으로 대변할 만하다. 그는 집시의 역사가 곧 코르테스 자신의 아이덴티티이자 고유의 스타일이라며 이렇게 말한다.

"우리 선조들은 북인도를 떠나 유라시아 대륙을 방황하면서 여러 나라와 다양한 문화를 겪었으며, 오랜 세월을 거쳐 이베리아반도까지 이르게 되었다. 21세기인 지금까지도 우리만의 땅(영토)을 확보하지 못했으며, 정신은 늘 유랑 생활 속에 있다. 우리가 집시 춤을 출 때 여전히 몸 깊숙한 곳에서부터 원시적인 것이 분출하는 것이라 생각한다. 나는 내가 집시의 후예임이 자랑스러우며, 음악과 춤이라는 세계 속에서 내가 느낀 그대로 행동하고, 그 누구에게도 속박당하지 않고 마음껏 표현할 수 있음에 희열을 느낀다."

춤을 추고 있는 코르테스는 핏속을 흐르는 열정에 몸을 맡긴 채, 무심의 상태로 몸속의 모든 에너지를 방출하는 것처럼 보인다. 그러나 한창 춤에 몰입해 있는 그의 의식이야말로 가장 빠른 속도로 회전하고 있다.

"가족과 사랑하는 연인, 그동안 내가 이루어 온 일들과 아직 이루지 못한 일들, 즐거웠던 추억, 고통스러웠던 날들……. 무대 위에서 춤을 추고 있노라면 수많은 장면과 생각들이 머릿속을 헤집고 다닌다. 그동안 지내 온 내 인생의 여러 순간이 그대로 반사되어 오는 느낌이다. 무심하게 춤추고 있는 것이 아니라 오히려 수많은 생각들이 오고 간다. 도대체 나는 어디에서 왔는가? 내가 지금 여기에 있는 이유는 무엇인가? 그리고 이제 어디로 가야 하는가? 이렇게 끝없이 반복하는 질문과 대답이 내 육체를 통해 반사하여 관중들에게 표현되는 것이다."

그는 결코 '무심'하게 춤추지 않는다. 인생에 대한 근원적 물음이 소용돌이처럼 그의 의식 속을 휘감고 있다. 의식의 속도와 밀도의 수준이 코르테스의 몸짓에 긴장감을 더한다. 한껏 팽팽해진 그의 의식과 육체가 무대와 관중석 전체의 공기를 지배한다.

실제로 그가 공연하는 공간에 자리해 보면, 긴장과 개방이라는 양극을 격하게 왕복하는 감각, 그 대조적인 감각을 맛볼 수 있다. 바깥으로 강렬하게 뿜어져 나오는 에너지의 이면에는 밀도 높게 응축된 의식이 단단히 채워져 있다. 다시 말해 빠른 속도로 회전하고 있는 그의 의식이 시간과 공간을 긴밀하게 연결하는 것이다. 댄서가 가진 의식의 응축 정도가 신체와 신체 사이를 흐르는 상상력을 통해 관객의 의식까지 밀도 높게 만든다.

의식의 밀도와 속도의 관계

우리의 몸은 다른 사람의 신체나 공간의 분위기에 영향을 받기 쉽다. 속해 있는 공간의 템포가 빠르면 우리 몸의 템포도 자연스럽게 빨라진다. 밀도와 속도가 높은 의식이 공간 전체의 분위기를 지배하고 있으면, 그곳에 속해 있는 사람들의 의식 또한 자연히 밀도와 속도를 높여 간다.

의식의 밀도와 속도 사이의 영향 관계는 일방적인 것이 아니다. 무용 공연이 이루어지는 공연장을 상상해 보자. 무대 위 무용수의 의식이 관객석에 영향을 주는 것은 당연하지만, 그곳에 자리해 있는 관객들의 의식 또한 무대 위 댄서에게 영향을 끼친다. 결국 의식의 상호작용과 높은 밀도가 공간의 긴밀감을 만들어내는 것이다. 이러한 작용은 관능적인 상호작용이라고도 말할 수 있다.

코르테스는 섹시 혹은 관능적이라는 표현으로 자주 설명되는 댄서다. 그의 섹시함이나 관능미는, 단순히 용모나 패션에서만 뿜어져 나오는 것이 아니라 관객과 이루는 미묘하고도 밀도 높은 상호작용에 의해서 탄생하기도 한다. 코르테스 역시 이러한 사실을 자각하고 있다.

"공연 중에 나와 관객들은 '유혹 게임'이라는 줄다리기를 벌인다. 나와 관객 한 사람, 한 사람이 약 두 시간 동안 일대일로 힘겨루기를 하는 것이다. 어느 쪽이 완벽하게 상대를 매료할 수 있는지 겨루는 것이라고도 할 수 있다. 나는 무대에서 관객들과 지극히 직접적으로 접촉한다. 일반적으로 예술가라고 하면 대중과 일종의 벽을 쌓음으로써 자신을 표현하려는 경향을 보이지만, 내 경우에는 그 벽을 완전히 허물고 관중들 속으로 뛰어든다. 아무리 무대와 객석이라는 물리적 거리가 존재하더라도 관객의 시선이나 의식으로부터 완전히 멀어질 수는 없기 마련이다."

공간적으로는 떨어져 있으면서도 서로 맞닿아 있고 끌어당기는 듯한 감각, 이렇게 긴밀한 감각은 의식과 신체가 고도로 활성화했을 때 가능하다. 의식의 밀도와 신체 활성화가 깊이 연관되어 있고, 그것이 관능적인 분위기를 연출하는 데에도 영향을 주는 것이다. 이는 뇌 속에 있는 지적인 부분과 정서적인 부분, 그리고 본능적인 부분의 전체적인 활성화로 이어진다.

의식이 빠르게 회전하는 상태로 접어들면 설령 상대가 기계에 불과해도 일종의 육감적인 관계가 성립한다. 앞서 이야기한 모터사이클 선수인 가타야마 우야사이는 레이스에서 고도로 집중한 상태에서 느껴지는 감각을 이렇게 표현한다.

"극한으로 집중했을 때는 말이죠. 정말 신기하리만치 뭐든 보입니다. 모든 것이 눈에 들어오는 거죠. 뒤쪽 선수가 어느 쪽으로 빠져나오려고 한다거나, 어떤 선수가 게임을 포기하려고 한다거나 또는 다른 선수가 치고 들어오려한다거나 엔진의 어느 부분이 상태가 좋지 않다거나 하는 식으로 세세한 것까지 다 보입니다. 보인다는 것은 내가 그 상황을 이해한다는 뜻이기도 하지만, 자연스럽게 눈에 들어온다, 보인다는 표현이 더 정확한 설명일 것 같아요. '아, 지금 콘로드가 타고 있다. 왼쪽 크랭크 베어링이 풀렸다. 피스톤에 균열이 갔다.' 이런 식으로 말이죠."

가타야마의 섬세한 감각은 단순히 주관적인 것이 아니다. 레이스는 모터사이클이라는 기계를 통해 이루어지기 때문에 정확한 세팅이 필요하다. 그러기 위해서는 운전자의 감각을 통한 날카롭고 정확한 판단이 정비사나 엔지니어들에게 피드백되어야 한다. 가타야마 선수와 7년 동안 함께 일해 온 스기하라 신이치는 가타야마 선수를 이렇게 평가한다.

"궁극으로 빠른 속도를 내려면 그 순간 가장 중요한 점이 무엇인지를 재빨리 파악하고, 정해진 시간 안에 적절히 세팅해야 한다. 가타야마는 이러한 판단력이 매우 뛰어나다. 놀랄 만큼 빠르고 정확해서 '그는 이미 장인의 경지에 도달해 있다.'라고 느끼는 일이 많다. 그뿐 아니라 엔진의 특성에 따른 미묘한 차이와 서스펜션의 미묘한 움직임, 타이어의 거동 상태 등을 구체적으로 인지하여, 정비사나 엔지니어에게 적확하게 피드백하는 것도 가타야마의 특기

중에 하나다. 2만 회전을 자랑하는 NR 500을 타던 때, 100~200회 정도의 오차를 지적하는 가타야마를 보고, 당황한 표정으로 멍하니 서 있던 엔지니어의 얼굴이 아직도 눈에 선하다."

초보자의 눈에는 그저 한 대의 모터사이클로 보이는 기계 내부를, 가타야마는 세세하고 철저하게 '해부'하는 것이다. 이렇게 정밀한 '해부 능력'이 일류와 이류를 가름한다. '해부'를 할 수 없는 레이서에게 신체는 그저 하나의 막연한 덩어리에 지나지 않는다. 극도로 작은 단위까지 해부의 수준을 계속 높여나갈수록, 그 내부는 거대하고 복잡한 하나의 세계로 변화한다. F1 세계에서도 미하엘 슈마허나 아일톤 세나처럼 정상의 자리를 차지한 선수들은, 기계의 세세한 부분까지 예민하게 느끼는 감각이 다른 선수들에 비해 월등히 뛰어났다. 그들의 빠르고 정확한 피드백과 정비사의 철저한 세팅이 완벽한 조화를 이루어 놀라운 성과로 이어지는 것이리라.

나무의 촉감을 전하는 기술

지극히 작은 단위까지 '해부하는 힘'과 '신체 감각을 통한 피드백 회로'. 일류 기술자들은 하나같이 이 두 가지 공통점을 갖고 있다. 해부하는 힘은, 말하자면 그 속에 존재하는 미세한 차이를 세세하게 감지하는 능력이다. 해부의 단위가 세분화할수록 언어로는 표현할 수 없지만 차이는 확실하게 느낄 수 있는 상태가 되는데, 이때 결정적인 역할을 하는 것이 바로 신체 감각이다.

이 신체 감각은 단순히 주관적이기만 해서는 의미가 없다. 감각을 통해 판단한 차이가 실제 차이점과 맞아떨어질 때 비로소 신체 감각이 기술로서의 중요성을 갖게 되는 것이다. 신체 감각과 현실 사이에 피드백 회로가 생성되면, 그제야 신체 감각을 하나의 기술이라 부를 수 있다.

법륭사와 약사사를 재건한 인물로 유명한 니시오카 쓰네카즈는 저서인 《나무의 생명 나무의 마음》에서 이렇게 말했다.

"같은 회나무라도 산지가 어딘지에 따라 향도 색깔도 감촉도 전혀 다릅니다. 그리고 백 년, 이백 년 된 나무와

천년을 살아온 나무는 같은 회나무라도 냄새가 전혀 달라요. 냄새라는 것은 코로 맡는 것이니 그럴 수 있다지만, 촉감마저 냄새처럼 다르다는 것이 생명의 신비함이죠. 이 나무들은 함께 나고 자랐어도 나무마다 멋이 달라요. 나무에도 품격이 있답니다. 회나무는 대부분 껍질이 갈색인데, 해를 거듭할수록 나무가 은빛으로 변하고 이끼도 자라지요. 한눈에도 굉장한 나무라는 것을 알 수 있습니다.

나이가 많은 꽤 큰 나무라고 해도 속이 텅 비었거나 구멍이 나 있는 경우가 있어요. 이런 나무는 언뜻 보면 싱싱해 보이지만, 겉만 살아 있는 겁니다. 영양이 나무 전체로 전달되지 않고 나뭇잎에 머물러 있어 잎은 무성하지만 목재로서는 쓸모가 없지요. 반면에 세월만큼 속이 꽉 찬 나무는 영양분이 흩어지지 않아요. 다소 칙칙해 보이는 노란빛을 띠기도 하지만, 시들해져 누렇게 변하는 것과는 달라요. 이런 것은 품격 있는 나무로 목재로도 흠잡을 데 없습니다. (중략) 다만, 이러한 나무의 감촉은 말로 전하기는 어려워요. 실제로 보고 만지고 느껴보며 몸으로 기억하는 수밖에 없습니다. 기술이라는 것은 단순한 재주가 아니라, 느낌이나 감을 꾸준히 길러나가야만 비로소 가치 있는 것이죠."

이때, 직감과 감각을 지나치게 신성하게 여겨 객관적인 인식과 대립시켜서는 안 된다. 현실과 감각 사이에 피드백 회로를 꾸려, 감각과 현실이 섬세하게 호응하는 관계가 되도록 발전시켜야 한다.

그가 나무의 촉감과 관계를 규정하는 방법은 대단히 섬세할 뿐 아니라 동시에 객관적이다. 개인적인 감각이나 환상에 갇히지 않고, 객관적인 합리성을 갖춘 건전함을 일관되게 유지해 나가고 있다. 느낌이 좋다고 생각했던 목재라 해도 도저히 사용할 수 없는 나무라고 판단되면, 감각의 방향을 수정해야 한다. 현실의 퍼포먼스(결과)와 감각 사이에 피드백 회로가 구성되면 기술과 감각은 더욱 정확해져 갈 것이다.

데루스 우잘라의 기술로서의 감각

평소라면 그냥 지나쳐버렸을 미묘한 차이를 알아채는 것. 나아가 이러한 기술을 지탱해 주는 신체 감각을 구체적인 체험을 통해 축적하며 연마해 가는 것. 이것이 곧 숙달의 비결이다. 러시아의 탐험가이자 지리학자인 블라디미르 아르세니에프의 《데루스 우잘라(Dersu Uzala)》[5]에 기록된 시베리아 사냥꾼 데루스 우잘라가 선보인 '신체 감각의 기술화'는 말 그대로 충격적이었다.

20세기 초반, 의용병 부대의 지휘관으로서 시베리아 우수리 지방으로 지형조사를 나간 아르세니에프는, 밀림 속에서 원주민인 몽고인 사냥꾼 데루스 우잘라를 만나 동행하게 된다. 아르세니에프 일행과 데루스 우잘라는 험준한 계곡과 밀림을 헤치며 전진해 나갔다. 하지만 그들은 같은 세상을 바라보고 있는 것이 아니었다.《데루스 우잘라(Dersu Uzala)》에 나온 대목을 보면, 데루스가 세상을 바라보는 감각은 매우 주의 깊었으며, 아무리 사소한 차이라도 그냥 지나치지 않았음을 알 수 있다.

"'이제, 곧, 작은 오두막, 나온다.'라고 데루스는 가지

---

5 광활한 시베리아에서 자연을 존중하며 자연과 교감했던 원주민 사냥꾼 '데루스 우잘라'의 삶을 그린 논픽션. 원작을 바탕으로 한 동명의 영화는, 이곳의 원주민이었던 데루스 우잘라가 1902년부터 1910년에 걸쳐 아르세니에프의 탐사대와 함께한 나날들, 그리고 그가 총과 돈을 노린 러시아 사람에게 살해되기까지의 과정을 담고 있다.

가 잘려 나간 나무를 가리키며 드문드문 말했다. 나는 그의 말뜻을 바로 이해했다. 나뭇가지를 사용하는 사람들이 근처에 살고 있다는 뜻이었다. 우리는 걸음을 재촉했다. 10분 후, 사냥꾼이나 산나물을 캐는 사람이 지은 것 같은, 처마가 한쪽으로 기울어진 오두막을 발견했다. 내부를 살펴보던 우리의 새로운 동지 데루스는, 중국인 한 명이 2~3일 전에 이곳에 와서 하룻밤을 묵어갔다며 확신에 차 말했다. 비에 젖은 재, 풀로 만들어진 일인용 침대, 그리고 청색의 가는 명주실로 만든 낡은 허리띠, 이것들이 그 증거라는 것이었다. 나는 그 순간 데루스가 평범한 사냥꾼이 아니라는 것을 깨달았다. 눈앞에 있는 이 사람은 후대에 족적을 남길 만한 위대한 사냥꾼이었다. (중략) 도끼로 벤 듯한 나무 한 그루가 쓰러져 있는 곳을 지날 때였다. 데루스는 그 옆으로 다가가 살펴보더니 이렇게 말했다.

'봄, 잘랐다, 두 사람, 일했어. 한 사람, 키 크다, 이 사람의 도끼, 둔하다. 다른 사람, 키 작다, 이 사람 도끼, 잘 든다.'

이 경이로운 인물에게 비밀이라는 것은 존재하지 않았다. 수많은 경험을 통한 예리한 추리력, 데루스에게는 비밀이 있을 수 없었다. 마치 천리안처럼 데루스는 이곳에서 벌어진 모든 일들을 훤히 꿰뚫고 있었다."

보통 사람에게는 아무 의미도 없는 사소한 풍경이라도, 데루스에게는 중요한 단서(사인)로 작용한다. 데루스가 가진 '기술로서의 감각' 덕분에, 아르세니에프 일행은 몇 번이나 죽을 고비를 넘긴다. 데루스와 세상의 관계는 일방적인 것이 아니다. 미묘하지만 무수한 단서와 표시들로 밀접하게 연결되어 있었다.

광활한 시베리아 대자연 속의 데루스는 마치 실로 직물을 만들어 나가는 듯 보였다. 아르세니에프 일행이 '조사'라는 관계의 방식을 취하고 있던 것과 달리, 데루스는 '세상과 부대끼며 살아가는' 관계식을 취하고 있었기 때문이리라. 데루스와 자연의 관계하는 방식 역시 넓은 의미에서 보면 본능적인 관계식이라고 말할 수 있지 않을까.

합리적 애니미즘

데루스는 자연과 호흡하면서 미묘한 차이를 느낄 때

마다, 본인과 자연의 관계를 더 밀접하게 만들어 나간다. 데루스가 가진 '기술로서의 신체 감각'을 지지해 주는 신앙은, 만물에 생명이 있다고 믿는 애니미즘이다. 데루스에게 시베리아 대자연에 존재하는 맹수들과 물과 불, 이 모든 것들은 '사람'과 동등했다. 하루는 데루스가 멧돼지를 사냥한다. 녀석은 언뜻 봐도 두 살 정도로 밖에 보이지 않는 암컷 멧돼지였다. 이를 본 아르세니에프가 "어째서 수컷은 잡지 않는 겁니까?" 하고 물었다.

"'저 수컷, 늙은 사람.' 그는 어금니를 드러내며 으르렁거리는 수컷을 가리켜 이렇게 말했다. '저거, 먹는다, 맛없다. 고기, 적다, 냄새난다.' 데루스가 멧돼지를 가리켜 '사람'이라고 부르는 것에 나는 적잖이 놀랐다. 나는 그 이유에 대해 다시 물었다. '저거는 사람과 같다.' 그는 이렇게 잘라 말했다. '모습만 다를 뿐이다. 속일 줄 안다. 화낼 줄도 안다. 뭐든, 다 안다. 저것은 사람과 같다!' 그제야 나는 확실히 알았다. 이 원시적 인간의 자연관은 애니미즘이었다. 그 때문에 그는 주위의 모든 것을 인격화했다."

데루스가 사람과 동등하게 대하는 것은 비단 멧돼지와 같은 동물만이 아니다. 모닥불을 피울 때 탁탁 소리를 내며 타들어 가는 장작을 가리켜 '성질 고약한 사람'이라고 하면서 "항상, 이 녀석, 이렇게, 탄다, 소리를 지르듯이." 라며 인간 취급을 한다. 모닥불은 꽤 긴 시간 동안 짧은 불길을 내뿜으며 타들어 가고 있었다. 물 역시도 데루스에게는 살아 있는 사람과 같았다. 홍수가 닥칠 때면 물이 "큰 소리로 울고 부르짖는 소리를 낸다."고 했다.

이러한 애니미즘적 세계관은 언뜻 비합리적인 듯 보이지만, 험난한 시베리아 자연 속에서 현실에 부딪치며 사는 사람에게는 의외로 합리적인 힘을 발휘한다. 모든 것을 인간과 똑같이 대하고 무생물까지도 살아있다고 느끼는 세계관은, 온 세상을 친근한 존재로 만들어 버린다. 그래서 그곳의 사람들은 자신이 살고 있는 세계의 생존 방식과 다른 세계의 생존 방식 사이에 존재하는 공통 기반을 믿게 된다. 이러한 확신이 주변 세계를 이해하려는 순수하고 능동적인 마음을 만들어낸다.

데루스의 몸은 단순히 세상에 존재하는 물질 가운데 하나가 아니다. 모든 주파수의 파장을 감지하고 파악해내는 성능 좋은 안테나라고 말할 수 있다. 다시 말해 주파수를 아주 잘 잡는 라디오 같은 것이다. 사소한 단서 하나도 소홀히 하지 않고 자신 속에 수집하여 주파수를 증폭시켜 나간다. 갖가지 징조를 단서로 주파수를 증폭해 나가는 기술이야말로 '생명력' 그 자체다.

이런 경우, 신체 감각으로부터 뻗어 나온 무수한 선들이 우리의 신체를 매개로 세상과 연결된다. 이때 신체는 우리를 둘러싼 세계와 본능에 가까운 수준으로 깊이 교류하고, 세상의 다양하고 풍부한 표정을 흡수한다.

데루스는 호랑이 암바와도 대화한다.

"알았어, 알았어. 암바! 화내지 마, 화내지 마! 여기는 네 땅이야. 우리, 그거, 몰랐어. 우리, 지금, 다른 곳, 간다. 밀림에, 잘 곳, 많아. 화내지 마!"

폭넓은 주파수대를 감지하여 조율하는 능력을 갖추는 것. 이것이 바로 나의 세상을 넓고 다채롭게 그리고 더욱 풍요롭게 만드는 열쇠로 작용한다. 수용할 수 있는 주파수대가 좁으면 좁을수록 경험할 수 있는 세상도 좁아지며 만남의 질에도 한계가 있다. 감지할 수 있는 주파수대가 넓고 성능도 뛰어나면 경험할 수 있는 세상의 질도 높아질 뿐 아니라, 자신의 세계가 더욱 풍요로워진다. 그뿐 아니라 그 접촉을 통해 새로운 의미가 탄생하는 관계를 형성하기가 훨씬 수월해진다.

감성의 폭을 넓혀나가는 용기

아이슬란드 출신인 비요크(Björk Guðmundsdóttir)[6]는 압도적인 에너지를 뿜어내는 뮤지션이다. 영화 〈어둠 속의 댄서〉의 주연으로 활약, 배우 경력이 없었음에도 그해 여우주연상까지 수상하며 화제를 낳기도 했다.

비요크 같은 사람도 안테나를 찾기 어려울 때가 있다. 그럴 때는 각성할 수 있도록 여러 노력을 한다고 한다.

"예를 들면, 어떤 때는 친구의 전화가 나를 깨워주었는지도 모른다. 다른 날은 수영을 통해 나를 깨웠을 수도 있다. 그리고 또 다른 어떤 날은 밤샘 작업을 하며 내 속의 안테나를 깨웠는지도 모를 일이다. 다시 말해서, 방법이 무엇이 되었든 그 판단은 직감에 맡겨야 한다는 것이

---

6 아이슬란드의 국민가수. 천재 아티스트, 일렉트로니카의 살아있는 전설로 불렸으며 배우 활동도 함께하고 있다.

다. 직감은 나를 눈뜨게 하는 것이 무엇인지를 알기 때문이다. 그것만 안다면 다른 사람을 각성하게 할 수도 있다."

잠든 자신을 깨우기 위한 수단이자 계기가 되는 것은, 결국 본인의 직관이나 신체 감각으로 얻어진 정보를 실마리 삼아 꾸준히 탐색해 가는 것, 바로 이것이 영감을 얻는 요령이라고 말한다.

"안테나가 숨은 채 잠들어 있는 상태에서는, 무엇을 하든 엉망이 되어 도저히 수습할 수 없는 상태로 끝나버리고 만다. 그래서 어떤 때는 한 시간 정도 수영을 하며 잠들어 있는 안테나를 깨우려 노력하기도 한다." 가만히 기다리기만 하는 것이 아니라 스스로 계기를 찾는 것이다.

어떤 운동이든 운동을 통해서 컨디션을 조절하기도 하고, 본인의 몸에 자극을 줌으로써 영감을 얻기도 한다. 이러한 이유로 일을 할 때는 소소하게나마 운동을 하는 사람이 많다. 하지만, 본인의 분야에서 스타일을 구축할 만한 수준에 도달하기 위해서는, 어느 정도 자신을 자극할 수 있는 운동을 기술화하는 것이 중요하다.

감각을 예민하게 만들고 뇌를 각성시키는 데 도움이 되는 운동은, 그 사람의 신체적 특성이나 맡은 일의 성질에 따라 다르다. 다음 장에서 다루겠지만, 작가인 무라카미 하루키는 달리기를 자신만의 방법으로 기술화했다. 달리기라는 운동은 무라카미 하루키의 스타일과 아주 잘 맞아떨어진다. 같은 소설가라도 스타일이 다르면 운동 성향도 달라진다. 다자이 오사무(太宰 治)[7]가 달리기를 한 뒤 작품을 쓰는 모습은 어딘가 억지스러워 상상하기 어렵다.

과거에는 벼루를 가는 행동이 글쓰기 작업의 기본이 되는 운동이자 의식이었다. 마찬가지로, 어떤 일이든 그 작업의 성질에 적합한 기본 운동이 있을 것이다. 하지만 결국은 각자가 선택한 스타일을 구축하는 데 도움이 되는 운동을 찾는 것이 관건이다. 요컨대, 본인의 신체감각을 근거로 자신에게 적합한 운동을 찾아내는 것도 일종의 기술이며, 이런 기술을 연마하는 과정이 스타일 구축에 필수적이라는 이야기다.

7　일본의 근대 소설가. 일본 낭만파의 동인으로 활동하다가 전후에는 기성 문학 전반에 대해 비판적인 무뢰파로 활동한다. 집안과 태생에 대한 굴절된 죄책감을 평생 끌어안고 살았으며, 자기혐오에 빠져 한때 마르크스주의에 심취하기도 했다. 아쿠타가와 류노스케를 유독 존경했던 것으로 알려졌다. 초기 작품에는 삶에 대한 불안감이 주로 나타나 있으며, 결혼 후에는 《달려라 메로스》와 같은 밝은 문체의 작품도 남겼다. 일본 데카당스 문학의 정수라 불리는 《인간 실격》이 대표작이다. 살면서 여러 번 자살을 시도하다, 끝내 자살로 39년의 짧은 생을 마감한다.

어떤 대상과 자신 사이에서 새로운 의미가 탄생하도록 창조적인 관계를 구축하는 것. 숙달에서는 이 창조적인 관계성을 만드는 기술이, 오히려 내적인 자질 이상으로 큰 의미를 가진다. 내적인 자질은 어떻게 할 수 없는 속성의 것이지만, 관계성의 기술은 연습을 통해 서서히 향상할 수 있기 때문이다. 흔히 상대와 '파장이 맞는다'는 감각은 우연의 일치라고 생각한다. 그러나 이런 감각도 얼마든지 기술로 발전시킬 수 있다.

'소극적 수동성'에 머무르게 되면 본인과 마음이 맞는 것들과만 관계를 맺게 된다. 다소 인내와 고통은 따를지라도 그것이 효과가 있다면, 그 자극이 몸속 깊이 스며들어 오도록 몸을 열어주는 것이 '적극적 수동성'이라는 자세다.

이 자세는 용기가 필요하다. 그러나 이러한 자세, 즉 마음가짐 역시 심리적 요인이므로 일종의 습관이다. 꾸준히 반복하면 마음가짐 자체가 '기술'로 거듭나 습관이 된다. 그렇게 되면 때때마다 큰 용기가 필요하지 않다. 용기라는 것도, 사실 신체론적으로 보면 하나의 습관이자 기술이기 때문이다.

그만큼의 용기가 필요하지 않은 상황인데도 무턱대고 용기를 발휘해 버리는 사람도 있다. 반면에 용기를 내지 않는 것이 습관으로 자리한 사람도 있다. 용기라는 것도 기술화할 수 있다는 사고방식을 가지면, '선천적으로 용감하다 vs. 용기가 없다'와 같은 비현실적인 이분법적 사고에서 탈피할 수 있다.

제6장

무라카미
하루키의
스타일 만들기

스타일은 존재감을 낳는다

───────────

일류라고 평가받는 수준의 사람이라면 누구나 숙달의 경지에 이르는 요령을 터득하고 있다. 그리고 일류의 사람들이 일을 처리해 나가는 방식에는 독자적인 스타일이 묻어나는 경우가 많다.

기술의 수준을 향상하여 숙달에 이르는 것과 자신만의 스타일을 만들어 나가는 것. 이 두 가지 과제는 수준이 높아질수록 더욱 긴밀히 연관한다. 물론 어떤 일이든 배움을 시작한 뒤 한동안은 시간과 노력을 기울여 기초 기술을 마스터해야 한다. 나아가 누구보다 뛰어나게 그 일을 해내기 위해서는 본인이 가장 자신 있는 기술, 즉 특기를 연마하고, 자기다움을 발휘할 수 있는 스타일을 확립하는 과정이 뒤따라야 한다.

작가인 무라카미 하루키는 소설가로서 숙달되어 가는 과정과 자신만의 스타일을 만들어 가는 일이 매우 밀접하게 연관된 과제임을 분명하게 의식하고 있다. 작가의 경우, 작가 고유의 문체가 곧 그의 스타일이기 때문에, 숙달하는 것과 스타일을 확립한다는 것은 불가분의 관계에 있으며, 이는 어찌 보면 당연한 것이기도 하다.

하루키는 이미 20년 이상 일류 소설가로 폭넓은 지지를 받고 있다. 그는 《그렇지, 무라카미 씨에게 물어봅시다》에서 이렇게 이야기하고 있다.

"글쓰기가 도무지 적성에 안 맞고 재주도 없는 사람을 제외하면, 소설을 쓴다는 자체는 의외로 간단합니다. 그 나름의 스토리가 있고 너무 나쁜 이야기만 아니면, 꽤 훌륭한 소설을 쓰기도 그리 어렵지 않아요. 가장 힘든 것은 계속 소설가로서 존재해야 한다는 사실입니다. 요즘 들어 그런 생각이 많이 드네요."

20년이 넘도록 정상의 자리를 지켜왔다는 것은, 숙달

에 대한 의지 없이는 좀처럼 쉽지 않은 일이다. 다음과 같은 무라카미 하루키의 회고는 숙달과 스타일의 관계를 고민하는 데에 매우 중요한 힌트가 된다.

"20대에는 한눈팔 여유도 없이, 죽어라고 일만 하면서 삶을 버텨냈지요. 스물아홉이 되어서야 비로소 한 발 더 내디뎌야 할 곳에 서 있는 나를 발견했어요.

'그래, 소설을 써 보는 거야.'라고 마음먹고 만년필과 원고지를 사서는, 일이 끝난 뒤 주방에서 한 시간이든 두 시간이든 끼적여 보았는데, 당시에는 그게 그렇게 즐거울 수가 없더라고요. 내가 제대로 설명할 수 없는 것을 소설이라는 형태로 만들어 간다는 것은 정말 힘든 일이었어요. 특히, 나의 문체를 만들기까지 수없이 썼다 지우기를 반복하는 과정이 상상 이상으로 고생스러웠지만, 막상 한 권의 책을 마치고 나자, 어깨의 짐을 내려놓은 듯한 후련함을 느꼈습니다. 그런데 그것이 결과적으로, 아포리즘 (Aphorism)[1]이라고 할지, 디테치먼트(타자에서 자발하는 무

---

1 깊은 체험적 진리를 간결하고 압축된 형식으로 나타낸 짧은 글. 히포크라테스의 "예술은 길고 인생은 짧다"라는 말처럼, 금언, 격언, 경구, 잠언 따위를 가리킨다. 작자가 분명하지 않은 속담과 달리, 아포리즘은 작자의 독자적인 창작이며 순수한 이론적 가치를 중요시한다.

심함)라고 할지, 아무튼 그동안 내가 읽어오던 일본 소설들과는 전혀 다른 형태의 글이 되어 버렸지요. 기존에 일본 소설에 존재하던 문체로는 내가 표현하고자 하는 것을 제대로 표현할 수 없었던 겁니다."

그의 데뷔작인 《바람의 노래를 들어라》와 《1973년의 핀볼》 등 초기 작품의 특징은, 건조하고 메마른 듯한 문체였다. 일본적인 끈끈한 인간관계와는 완전히 다른 무심함, 그렇다고 사회에서 일탈하지는 않은, 그런 관계를 그만의 문체로 그려냈다. 여기에서 하루키가 이야기하는 디태치먼트라는 것은, 사회나 다른 사람에게 지나치게 의지하거나 집착하지 않고, 적당한 거리를 두고 떨어져 있는 기조를 표현한 것이다. 이는 그즈음의 하루키를 대변하는 스타일 그 자체이기도 했다.

하루키는 자신의 스타일을 만들어 가면서, 주변의 선배 소설가들의 스타일에 움츠러들지 않고, 자신만의 독자적인 스타일을 창출하고자 했다. 그가 가장 먼저 생각한 것은 지금까지 존재했던, 이른바 모든 작가의 스타일과 완전히 다른 것들을 시도해 보자는 마음가짐이었다. 하루키는 필사적인 상황이었다며 그때를 다음과 같이 회고한다.

"우선 저녁에 일찍 자고 아침에 일찍 일어나며, 운동을 통해 체력을 키웠습니다. 문단에 얽매이지 않을 것, 소설 의뢰를 받지 않을 것 등 구체적인 원칙을 세우고 그대로 실천해 왔어요. 이전에 아무도 가 본 적 없는 길을 혼자 힘으로 만들어 가며, 내 나름의 문학 스타일과 생활 스타일을 쌓아가야만 했습니다."

하루키에게 스타일이란 단순히 소설의 문체만을 의미하는 것이 아니라, 생활 스타일까지 포함하는 것이다. 스타일을 구축하기 위해서는 우선 자신이 반드시 지켜야 할 구체적인 원칙을 정한다. 스타일은 추상적인 개념이 아니라, 세세하고 구체적인 일들을 쌓아가며 완성해야 하는 것이다. 그는 먹고 자고 운동하는 등의 기본적인 생활 습관부터, 사람을 사귀거나 업무를 진행해 나가는 방법, 소설가로서 자신에게 최적의 환경을 만들어가는 것 등이 소설가로서의 스타일을 확립해 주는 과정이라고 믿었다.

스타일의 그릇을 키워라

아포리즘과 디태치먼트라는 스타일은 결국 세상에 받아들여졌다. 하루키는 하나의 독창적인 스타일을 만들었다는 평가를 받았다. 보통은 그 정도 수준에서 스타일 만들기를 포기하는 사람이 대부분이다. 그러나 그는 자신의 스타일이라는 그릇을 더욱 크게 만들어야 한다는 과제 의식이 확고했고, 이러한 그의 의식은 이후의 작품 활동에도 많은 영향을 미쳤다. 소설가로서 살아 나가기에 이대로는 부족하다는 철저한 자기 인식이 있었기 때문이다.

구체적으로 그가 시도한 일은 아포리즘과 디태치먼트라는 스타일을 서서히 '이야기'로 바꾸어 나가는 것이었다. 그 첫 작품이 장편 소설인 《양을 둘러싼 모험》이다. 장편을 쓴다는 것 자체가 이미 그가 만든 스타일의 그릇을 키우는 도전이었다. 하루키의 경우, 작품 활동을 거듭할수록 작품의 길이가 점점 길어진다. 장편이라는 스타일로 변화하지 않으면 자신이 전하고 싶은 '이야기'가 성립할 수 없다는 점을 자각한 것이다.

하루키가 추구한 것은 스폰테니어스(자발적인, 저절로

일어나는)한 이야기가 있는 글이었다.

"여기서 이렇게 되고, 그다음에 이렇게 되고라는 식으로 일종의 논리에 따라 계획적으로 짜인 소설은 나에게 큰 의미가 없어요. 그러므로 나의 이야기는, 자발적으로 어떤 일이 생긴 뒤, 다음이 오고 그다음 사건으로 다시 이어지는 식으로 전개되다가, 마지막에는 자연스럽게 결말이 옵니다. 결말이 없으면 소설이 아닐 테니 결말은 반드시 있습니다.

나는 글을 쓰기 시작할 때부터 전체 계획안이나 초안 같은 것을 구상해 두는 일이 아예 없고, 쓰는 행위 속으로 그저 빠져듭니다. 어떤 사람들은 '그러고도 용케 결말로 이어지네요.'라고 이야기하지만, 어쨌든 프로라는 이름을 달고 글을 쓰는 사람으로서 결말은 반드시 있습니다. 그리고 그런 과정에서 일종의 카타르시스도 느끼죠."

이런 식으로 이야기를 써 나가다 보니 책이 점점 길어진 것이다. 그 결과 하루키 팬들 사이에서도 가장 인기가 높은 장편 소설 《세계의 끝과 하드보일드 원더랜드 1, 2》까지 오게 되었다. 그러나 이런 수준까지 왔어도 하루키는 만족하지 않고, 기술과 스타일 연마에 한층 박차를 가했다. 그는 "저 자신이 한 단계 더 성장하기 위해서는 이쯤에서 리얼리즘 문체를 익혀야겠다고 생각했고, 그래서 《노르웨이의 숲》을 썼습니다."라고 회고했다.

작가를 분류할 때는 보통 단편 작가와 장편 작가로 나눈다. 이것도 스타일과 관련한 부분이다. 무라카미 하루키는 '스폰테니어스한 이야기'를 만드는 것을 본인의 과제로 삼고, 그 기술을 꾸준히 연마해 장편 이야기를 쓸 수 있는 작가로서 자신의 스타일을 완성해 나갔다.

《양을 둘러싼 모험》,《댄스 댄스 댄스》,《세계의 끝과 하드보일드 원더랜드 1, 2》같은 소설을 읽다 보면, 하루키 월드라고 부를 법한 이야기 세계에 몰입하는 감각을 맛볼 수 있다. 이야기가 다소 긴 점이 하루키 월드에 몰입하는 데 오히려 도움을 준다. 일단 그의 세상을 경험하면 오랫동안 즐기고 싶다는 생각이 자연스럽게 따라온다. 그런 독자들의 기대에 부응이라도 하듯 프로 의식이 투철한 하루키는 계속해서 장편을 써 나간다.

앞서 말한 대로 무라카미 하루키는,《노르웨이의 숲》을 쓸 즈음 '이쯤에서 리얼리즘 문체를 제대로 익혀야겠다.'라며 과제 의식을 불태우기 시작했는데, 이는 스타일의 스케일을 더욱 크게 키워나가겠다는 의지의 표명이기도 했다. 그러나 새로운 기술을 익히는 일은 그리 만만한 일이 아니다. 그 과정에서 스타일 전체가 무너져버리는 경우도 비일비재하다. 그는 여기서 '리얼리즘 문체'를 몸에 익힘으로써 스타일의 전체 스케일을 높여나가겠다는 전략적 판단을 한 것이다.

이렇게 크게 두 단계로 나누어 스타일 구축을 달성한 후에도 하루키는 "마침내 뭔가 부족한 것이 있다는 것을 스스로 깨달았다."고 말한다. 하루키가 본인의 스타일 구축을 위해 의식한 다음 과제는 커미트먼트(Commitment)[2]였다. 《태엽 감는 새》는 스타일 형성의 3단계인 전환기에 쓴 작품이었다. 이 작품에서는 초기 테마인 동시에 하루키의 스타일이기도 했던 디태치먼트와 언뜻 대조적으로 보이는 커미트먼트를 엿볼 수 있다.

---

2 책임감, 헌신. 이전까지는 사회에 무관심한 청년을 주로 그려왔던 무라카미 하루키가 사회적인 사건들을 다룬 논픽션을 잇달아 출간하면서 주위를 놀라게 했다. 1990년대 중·후반 일본을 강타했던 옴진리교 사건의 피해자 유가족을 취재한 르포 《언더그라운드》(1997년)와 옛 옴진리교 신자들과의 인터뷰를 정리한 《언더그라운드 2: 약속된 장소에서》(1999년)라는 책은 이러한 하루키의 문제의식을 보여주는 대표작이다.

"'당신이 하는 말 다 이해합니다. 알겠으니 우리 그만 손잡읍시다.'라는 식이 아니라, '우물'을 파고 파고 또 파내려 가다 보면 전혀 이어질 리 없는 벽을 넘어서 결국 이어진다는 커미트먼트 방식에 나는 완전히 빠져들었어요."라고 하루키는 말했다. 이 커미트먼트의 존재 방식은 관계하는 방식 전체의 문제이며, 문체의 문제기도 하다. 하루키에게 장편 작품을 쓴다는 것은 소설가로서 자신의 스타일을 좀 더 큰 스케일로 만들고 성숙해 나가는 과정인 셈이다. 이는 별생각 없었는데 어쩌다 보니 그렇게 되었다는 식의 무의식적 행동에 따른 결과가 아니라, 스타일 형성이라는 문제를 구체적인 목표로 의식했기 때문에 이룰 수 있었던 기술인 것이다.

소설을 쓰는데 왜 달려야 하는가?

지금까지 살펴본 것처럼, 무라카미 하루키는 숙달을 스타일 형성과 직결되는 문제로 자각하고 자발적으로 발전시켜 온 작가다. 평범한 작가들도 자신의 스타일이나 문체라는 부분은 당연히 어느 정도 의식하기 마련이다. 하지만 유독 하루키의 이야기가 흥미롭게 다가오는 이유는, 본인의 스타일을 신체 문제와 결부하여 생각한다는 점이다. 이 경우 신체성이란 상당히 구체적이다.

무라카미 하루키는 잡지 〈부르터스(BRUTUS)〉와 진행한 인터뷰에서 "현재 나의 문체는 달리기를 하면서 완성한 것 같습니다."라고 이야기했다. 《양을 둘러싼 모험》의 집필이 거의 끝나갈 즈음부터 하루키는 본격적으로 달리기를 시작했다. 그전까지만 해도 하루에 담배를 60개비씩 피워대던 해비스모커(Heavy Smoker)였지만, 금연을 결심하면서 달리기를 시작했다. 본격적으로 달리기를 습관화하게 된 동기는 체력 저하였다. 이 점에 대해 하루키는 다음과 같이 이야기한다.

"예를 들면 1천 쪽이 넘는 소설을 일 년 동안 꼬박 쓰고 완성한 다음, 다시 일 년에 걸쳐 열 번씩, 열다섯 번씩 머릿속에서 엄청난 수정을 거듭합니다. 말이 열 번이지, 이렇게까지 여러 차례씩 고쳐 쓴다는 것은 정말 엄청난 체력이 필요해요. 중간쯤 되면 모든 것을 포기하고 싶어지기도 합니다. 머릿속이 하얗게 텅 비어버리는 것만 같아요.

그래도 여기서 내던져 버리면 그동안의 수고가 모두 수포가 되는 것이니, 어떻게든 마무리를 짓죠. 체력과 인내심이 없었다면 오늘의 나는 없었을 겁니다."

단순하게 소설을 쓰는 것이 아니라 평생을 프로 소설가로 살아가는 것. 그러한 라이프 스타일을 만들기 위해서는 체력이 절대적으로 필요하다는 이야기다. 이토록 확고한 각오는 그가 20대 시절 겪었던 경험과 연관되어 있다.

"어쨌든 나는 소설가가 되었으니, 죽는 순간까지 소설을 쓸 생각입니다. 만약 내가 20세 무렵에 소설가가 되었다면 이런 생각까지는 하지 않았을 거예요. 20대 때는 어마어마한 일들을 겪었으니 말이죠. 빚을 잔뜩 진 채 육체노동으로 하루하루를 버티면서, 밥도 내 손으로 직접 지어먹고 다녔어요. 좀 거창하게 말하자면 '인생이 얼마나 험하고 거친 것인지' 그때 이미 깨달았다고 할까요. 그렇기 때문에 '우여곡절 끝에 이렇게 소설가가 되었으니, 죽어라 하는 수밖에 없다.'고 생각했습니다. (중략) 그래서 근성을 가지고 철저한 체력 관리를 하기로 결심하게 되었죠."

'소설을 쓰는 정신적이고 지적인 활동'도 장시간, 장기간 지속하려면 체력이 뒷받침되어야 한다. 이제는 더 이상 기력과 체력을 나누어 생각할 수 없다. 그것이 바로 장편 소설이라는 일의 스타일이다. 무슨 일이든 체력이 가장 기초라는 말은 어쩌면 단순한 사실이다. 하지만 작가의 경우에는 그리 단순하게 말할 수만은 없다. 달리기를 통해 체력을 단련하며 글을 쓰는 스타일은, 일반적인 이미지의 소설가 스타일과는 상당한 거리감이 있다. 건강하고 체력이 좋다는 점이 소설가에게 반드시 긍정적으로 작용한다고 생각하는 사람은 많지 않았다.

실제로 하루키도 여러 사람에게 "달리기를 그렇게 열심히 하다가는 제대로 된 소설 같은 것은 못 쓴다."라는 이야기를 들었다고 한다.

"소설이라는 것은 건강하지 못한 데서 탄생한다는 말을 귀에 못이 박히도록 들었어요. 하지만 나로서는 이해할 수 없는 말이었죠. 그와 정반대로 몸을 건강하게 관리하면 할수록 내 몸속에 숨어있던 병적인 것들과 약한 요소들을 모두 배출한다고 믿거든요. 건강하지 못한 정신을 털어내려면 반드시 몸이 건강해야 한다고 생각합니다.

'소설이라는 것은 원래 건강하지 못한 것이 아닌가?'

라는 질문을 받는다면, 아무래도 그런 면도 있다고 답할 것 같아요. 건강하지 못한 요소, 즉 독과 같은 치명적인 부분이 담기지 않으면 소설이 될 수 없잖아요. 그 독소를 꺼내서 제거하려면 몸 자체가 건강해야 합니다. 그렇지 않고는 '독성 물질'에 버텨낼 재간이 없어요. 혹은 내 속에 있는 맹수를 유인해 낸다는 표현이 맞을지도 모르겠네요. 어쨌거나 그런 때에도 체력이 필요합니다. 그렇지 않으면 맹수의 밥이 되고 말테니까요."

병적인 요소나 독소를 제거해 내려면 반드시 건강한 신체가 뒷받침되어야 한다. 이는 지극히 정직하고 성실한 사고방식이다. 프랑스 소설가 발자크나 러시아 작가이자 사상가인 톨스토이 같은 작가들은 수준 높은 장편을 다수 남겼다. 이들은 병약하고 선이 가는 타입의 작가가 아니라, 아주 건강하고 호쾌한 타입의 작가였으며, 단단한 신체를 기반으로 꾸준한 작품 활동을 해 나갔다. 독일의 대문호인 괴테도 마찬가지였다.

괴테는 근대 낭만주의 작가들이 병적인 요소나 상황을 지나치게 과대평가하고 의미를 부여하는 경향에 관해 상당히 비판적이었다.[3] 그는 고대 작품들이 뛰어난 이유는 건강하고 단단하기 때문이라고 말한다. 신체적으로도 정신적으로도 건강하고 단단하기 때문에 엄청나게 크고 깊은 슬픔도 건강하게 소화하여 있는 그대로 그려낼 수 있다는 말이다. 당연한 이야기지만 다자이 오사무나 아쿠타가와 류노스케(芥川 龍之介)[4]와 같은 인생도 문학적인 삶의 방식 가운데 하나라는 점을 부정하지는 않는다. 스타일이 가진 아름다움이라는 측면에서 보면 그들이 더 뛰어날지도 모른다. 하지만 무라카미 하루키는 정반대의 스타일로 승부를 걸었다.

소설가의 스타일이라는 것도 하나로 한정하지 않는다. 작가들 스스로 자신의 신체적 특성을 고려하며, 자신이 목표한 과제와의 연계성에 기반해 스타일을 선택한 다음, 하나의 기술로 단련해 나가는 것이다.

---

3 괴테는 독일 초기 낭만주의 운동 출신이지만, 과도한 낭만주의가 독일적 질병(Eine deutsche Malaise)으로 변질되고 있다 비판하며 점차 거리를 두었다.

4 일본의 근대 소설가. 일본의 권위 있는 문학상인 아쿠타가와상은 그의 이름을 따 제정되었다. 그는 신경쇠약을 오래 앓았으며 하루에 180개비씩 담배를 태웠다고 전해진다. 초기에는 논리적이고 간결한 작품을 보였고, 후기에는 사람의 생사에 관해 다룬 작품이 많았다. 1927년 "막연한 불안"이라는 말을 남기고 자살로 35년의 짧은 생을 마감한다. 대표작으로 《라쇼몽》이 있다.

결핵에 걸려 늘 창백한 얼굴로 책상 앞에 앉아 있는 문학가 이미지에만 얽매여 있다 보면, 자신만의 고유한 스타일 형성의 폭이 좁아질 수밖에 없다. 고뇌에 차 병약한 문학가 이미지에 빠질 필요 없이, 자신만의 생활 스타일과 문학 스타일을 확립해야 진정한 독창성과 고유성이 탄생한다.

집중력과 지속력은 동전의 양면과 같다

무라카미 하루키는, 운동을 문학적 영위에 접목할 필요가 있다는 점을 뚜렷하게 인식하고 달리기라는 운동을 구체적인 생활 습관으로 만드는 데 꾸준히 힘썼다. 두꺼운 책을 써내려면 지속적인 집중력이 필요하며 이는 신체적 건강에 기반한다.

"랭보[5]나 다자이 오사무, 아쿠타가와 류노스케와 같

---

[5] 장 니콜라 아르튀르 랭보(Jean Nicolas Arthur Rimbaud)는 프랑스의 근대 시인으로, 그리스도교나 부르주아 도덕에 대한 과격한 혐오감, 파멸적인 생활, 방랑 등으로 표현되는 시인이지만, 이미지의 풍부함과 표현의 신선함은 타의 추종을 불허하는 것으로 평가받는다. 문학 활동을 접고 유랑 생활을 하던 중 병을 얻어 다리를 절단하고 얼마 뒤 37세의 나이로 사망한다. 대표작으로는 프랑스 산문시의 최고봉으로 일컬어지는 《일뤼미나시옹》과 《지옥에서 보낸 한 철》 등이 있다.

은 작가들은 삶의 독성을 거부하기보다 본인의 생활 속에 품고 살았습니다. 그것 역시 삶의 한 모습이라고 생각해요. 나는 그들의 삶을 부정하지 않습니다. 그러나 그래서는 무언가를 지속할 수 없어요. 중간에 반드시 포화 상태가 되어 버리죠. 그 나름 문학적으로 아름다운 삶이라고 말할 수 있겠지만, 나는 그다지 일찍 죽고 싶은 생각도 없고 어떤 이유로든 자살하고 싶은 마음도 없으며, 그런 일을 작정하는 타입도 아닙니다. 어차피 인생이란 좋든 싫든 장거리 경주니까요."

신체는 물리적 측면을 가진다. 지속력, 집중력이라는 것도 신체의 물리적 측면을 벗어나서는 생각할 수 없다. 그러나 무라카미 하루키의 일에서 신체가 담당하는 역할은 이러한 일반적 차원에 머무르지 않는다. 단순히 같은 일을 매일 반복하기만 하는 것이 아니라, 창조적인 시간을 만들어내기 위한 기술과 관련해 있다. 기술이라는 것은 같은 일의 반복이 양적으로 쌓이다 보면, 어느 순간 질적인 변화를 일으킨다. 이 질량 전환 법칙과 유사한 현상이 소설을 써나가는 행위 속에서도 일어나는 것이다.

하루키는 집중력과 지속력을 동전의 앞면과 뒷면이라

표현한다. 어느 쪽이 되었든 한쪽이 강해지면 반대 면도 함께 힘을 얻는 이치다. 예를 들어《태엽 감는 새》는 무려 4년에 걸쳐서 완성한 작품이다. 하지만 하루도 빼놓지 않고 들어앉아서 썼던 것은 아니다.

"3개월 정도 집중해서 쓰고 나면 어느 순간 힘이 빠져요. 그러면 잠시 시간을 두고 빠져나와, 다른 일을 하기도 하면서 또다시 3개월 정도 틀어박히는 거죠. 그렇게 하지 않으면 몸이 도저히 견디지 못하기 때문입니다. 그나마 집중해서 작품을 쓰는 3개월 동안도 정신을 차리는 기간은 고작 2주 정도예요. 핵심적인 내용이나 주요 사건 등은 이 2주 안에 대부분 결정 납니다. 결국 그 2주를 위해 나머지 2개월 반을 할애하는 셈이죠. 이 작업은 장거리 마라톤과 비슷해요. 한마디로 표현하자면 지구력입니다. 지구력이 집중력을 뒷받침해 주어야 '코어(Core) 기간'이 찾아옵니다."

그럼, 여기서 가장 중요한 대목인 '코어'로 들어가기 위해서는 어떤 연구와 노력이 필요할까. 그것은 지속력과 깊은 관계가 있다.

"처음 2개월 반이라는 시간은 매일 책상 앞에 앉아서

무슨 내용이든 닥치는 대로 써 나갑니다. 속도가 나지 않아도, 힘들어 중단하고 싶을 때도 마음이 들떠 다른 생각이 날 때도 일단은 계속 써 나가야 해요. 새벽 4시에 일어나서 정오를 지나 오후가 될 때까지 계속 씁니다. 다음 날도 그다음 날도 계속이요. 그러다 보면, 달리기할 때도 마찬가지지만 여기가 정점이다 싶은 순간이 오거든요. 그러면 바로 빠져들어 갑니다. 그런데 정작 이때가 와서 빠져들고자 할 때 체력이 바닥 나버리면 코어 기간을 버틸 수 없어요. 그동안의 2개월 반이라는 인내의 시간이 무의미해지고 마는 것이죠."

2주에 불과한 코어 기간에 들어가려면, 2개월 반이라는 준비 시간이 그에 앞서 필요하고, 그 시간을 버티기 위해서는 체력이 관건이라는 것이다. 일을 하다 보면 어느 순간 자신이 그 일에 몰입하고 있음을 깨달을 때가 있다. 그 사실을 깨닫게 될 때까지의 꾸준한 시간이, 이른바 '골든 타임'과 같은 높은 집중 상태를 불러오는 것이다. 때에 따라서는 하루 동안에 그런 리듬 변화가 일어나기도 하지만, 하루키처럼 수개월 단위의 리듬으로 사이클이 생기는 일도 있다.

몰입으로 '들어가는 시스템'을 만들어라

무엇보다 중요한 것은 언젠가 집중의 정점의 시간이 온다는 사실을 확신하는 것이다. 그것을 확신하기만 하면 준비 기간을 거뜬히 견뎌낼 수 있다. 몰입 상태로 '들어간 다'라고 하는 감각은 운동을 해보면 훨씬 쉽게 느낄 수 있다. 러너스 하이(달리는 중에 경험하는 황홀감)라는 개념도, 일정 시간 계속해서 달리면 고통스러운 상태를 벗어나 편안하고 황홀한 상태로 들어간다는 의미에서 생긴 말이다. 이것은 비단 달리기에서만 체험하는 것이 아니라, 다른 종목의 스포츠는 물론 무술이나 예도를 수행할 때도 일어난다. 단순히 구조적인 아날로지나 비유가 아니라, 신체 활동이 가지는 일종의 보편적 성질이다.

이러한 몰입 상태는 다소 정도의 차이는 있겠지만, 많은 사람이 경험하는 부분이다. 특히 젊은이들은 몰입 상태에 들어가기가 비교적 쉽다. 그만큼 기력과 체력이 뒷받침하기 때문이다. 그러나 다른 한편으로 생각하면, 이렇게 몰입한다는 것 자체가 하나의 기술이기 때문에, 거기에는 경험이 크게 작용한다. 따라서 어떤 의미에서 보면 기력과 체력, 경험이 조화를 이루는 연령대야말로 진정 몰입의 황금기라고 할 수 있다.

일생 동안 높은 집중력을 꾸준히 유지하려면 특별한 노력과 연구가 동반되어야 한다. 특히 자신의 타고난 재능이나 능력에 비해 바라는 기대치가 크면 클수록, 이러한 몰입을 우연한 사건처럼 기다리기보다는 능동적으로 '기술화'해야 한다. 무라카미 하루키는 이러한 과정을 '몰입에 들어가는 시스템'으로 형식화하고 있다. 정점에 도달하는 감각과 그 시스템에 대해 하루키는 이렇게 표현한다.

"정확하게 말로 설명하기는 어렵지만, 그런 감각이 없으면 소설은 재미가 없어서 마지막까지 쓸 수가 없어요. 뭐랄까, 그냥 몰입의 영역으로 '들어가 버렸다'는 느낌이라고 해야 할까요. 도박하는 사람들 중에는 다음에 어떤 패가 나올지 훤히 보인다는 사람이 있던데, 그와 비슷한 느낌인 것 같네요. 프로라고 자부하는 작가라면 누구나 그 상태로 들어갈 수 있습니다. 예를 들어 마감 날짜가 코앞으로 다가와 도무지 어쩔 수 없는 상황에 몰리면 나도 모르게 글이 쭉쭉 써집니다. 이른바 마감 효과에 힘입어 '궁극의 집중 상태로 들어가는' 것이죠. 물론 이것은 어디까

지나 비상사태입니다. 어느 정도 나이를 먹으면 그런 초인
적인 힘을 꾸준히 발휘하기 어려워요."

20, 30대에는 거침없이 할 수 있었던 일들이 40대가
넘어가면 점점 힘들어지기도 한다. 이렇게 힘이 쇠퇴해 가
는 현상은 비단 운동선수들만의 문제가 아니다. 천재적 소
질을 가진 일부 사람들은 차치하고, 나이를 먹으면 누구
나 힘이 떨어진다. 그렇다면 어떻게 하면 힘이 쇠퇴하는
것을 늦출 수 있을까.

"나는 소수의 천재가 아니기 때문에 젊은 시절의 힘
이나 능력을 하나의 시스템으로 만들어야겠다고 생각했
어요. 2개월 반이면 2개월 반, 죽기 살기로 꾸준히 열심
히 하다 보면 슥 하고 자동으로 2주간의 코어 기간이 찾
아옵니다. 자동으로 몰입 상태에 빠지는 시스템을 내 몸
속에 만든 겁니다. 그리고 이 시스템을 계속 유지하려면
신체적 힘도 길러야 합니다. 그래서 나는 달리기가 그리
힘들거나 고통스럽지 않아요. 그도 그럴 것이, 달리기는
내게 없어서는 안 될 필수 조건이었으니까요."

결국 언젠가는 몰입 상태로 반드시 들어간다는 확신
이 있으면, 힘들고 괴로운 작업이라도 견뎌낼 수 있다. 몰입

284

상태로의 전환은 절대 자연적인 현상이 아니다. 몰입의 경지에 도달하기까지 일련의 과정을 습관화하고 기술로 발전시키다 보면, 자연스럽게 확신이 차오른다. 무라카미 하루키는 이 과정을 물 긷는 일에 비유하며 이렇게 이야기한다.

"자기 속에 깊고 깊은 우물이 있고, 그 우물의 깊은 바닥에 맑은 물이 솟아오르는 소중한 샘이 있다고 가정해 보세요. 소설을 쓰려면 그 물을 길어 올려야 합니다. 나는 하는 수 없이 깊고 깊은 우물의 바닥까지 내려갔다, 다시 올라옵니다……. 또다시 내려갔다 올라오는 작업을, 마치 시시포스(Sisyphus)[6] 신화의 주인공처럼 힘겨운 노동을, 계속합니다. 그것은 아무리 힘들고 괴로워도 반드시 해야 하는 일입니다.

앞서 말한 2주의 코어 기간, 즉 몰입의 상태로 '들어간다'는 의미는, 이제는 더 이상 깊은 굴속을 오르락내리락하지 않아도 되는 상태로 접어들었다는 뜻이에요. 일일

6　고대 그리스 신화의 인물. 한 나라의 왕이었으나 욕심이 많고 남을 속이기를 좋아했으며 살인을 일삼는 등 악행을 저지른 인물이다. 그는 저승에서 큰 돌을 가파른 언덕 위로 굴리는 벌을 받는데, 정상에 올리면 돌이 다시 밑으로 굴러내려 가 처음부터 다시 돌을 밀어 올리는 일을 끊임없이 반복해야 했다.

이 바닥까지 내려가서 정보를 수집해 오지 않아도 내 몸이 순간이동 해버리는 것이죠. 일종의 부유 상태라고 할까요. 가려고 생각만 하면 어느새 스윽 하고 그곳에 가 있게 됩니다. 하지만 이렇게 초인적인 상태에 도달할 때까지는 하루도 빼놓지 않고 바지런히 우물 속을 드나들어야 합니다. 그것이 전제 조건이에요."

지나치게 합리적이고 효율성만 중시하는 사고방식이라고 거부감을 느끼는 사람도 있을지 모른다. 그러나 숙달을 계속하며 자신의 스타일을 창출하여 장기간 일을 해나가기 위해서는, 이러한 노력이나 수고가 불가피하다. 설령 시스템이라는 말을 쓰지 않고 혼이나 의지라는 말로 바꾼다고 해도, 몰입 상태에 들어가기 위해 힘겨운 노력을 해야 한다는 점에는 차이가 없다. 이러한 시스템적 노력 끝에 피어나는 것은 거부감이 아니라 두근거림이다.

자신만의 필살기를 만들어라

지금까지 숙달을 위해서는 자신의 스타일을 만드는

과정이 중요하다는 점을 강조해 왔다. 이러한 과정이 동반되어야 하는 절대적인 이유는 인간이란 습관의 집합체고, 이러한 습관이나 버릇이라는 요소에서 벗어날 수 없는 존재기 때문이다. 따라서 그것들을 기반으로 자신만의 특기를 만들어가는 것이야말로 가장 현실적이고 효율적인 방법이라 할 수 있다. 스타일은 신체성에 기반을 둔 개념이다. 누구나, 그 사람이 하는 모든 일에는 본인의 신체적 특성이 연관해 있다. 그러므로 하는 일들은 각기 달라도 그 본질을 들여다보면 서로 비슷비슷한 신체적 특성이 교차해 있다.

자신에게 필요한 과제를 명확히 하고, 본인의 생활 전반에 걸쳐 있는 신체적 특성을 고려하여 해당 과제를 수행하는 것. 이것이 스타일 구축의 기본적인 원칙이며, 본격적으로 숙달의 보편적 원리를 터득하는 방법이다. 본인의 신체적 특성을 무시한 채 그 영역의 고유한 기술을 몸에 익히면, 막상 영역이 달라지거나 상황이 바뀌었을 때 애써 익힌 그 기술을 직접적으로 활용할 수 없다. 그러나 자기 신체성을 고려하여, 본인의 방식대로 일관된 변형(스타일)을 통해 제대로 익혀두면, 그 변형은 다른 영역의 일에도 긍정적인 영향을 끼치게 된다.

타고난 기질이나 신체적 특성은 근본적인 부분까지 바꾸기는 어렵지만, 멋지게 변형해 나갈 수는 있다. 음식의 기호도 신체적 특성과 연관된 사항이다. 사람이 성장하면 식성도 달라질 뿐 아니라 수용할 수 있는 음식의 범위도 넓어진다. 그러므로 노력 여하에 따라서 감각적으로 수용할 수 있는 음식의 폭이 달라질 수 있다는 이야기다. 예를 들어 감각이 예민해서 청어 조림을 잘 먹지 못하는 사람이라면, 우선 가장 값비싸고 질 좋은 청어를 맛보는 데서 시작하는 것도 신체성을 고려한 변형 가운데 하나일 것이다.

자신의 생리적 감각에 맞지 않는다고 해서 앞뒤 없이 거부해 버리는 태도는, 1960년대 카운터 컬처(Counter Culture)[7]부터 80년대, 90년대의 분노 문화가 유행하던 시절의 이야기다. 나는 '순간적으로 끓어오르는 생리적 혐오감'이 분노의 본질이라고 생각하지만, 이러한 생리적 혐오감을 중심으로 한 가치관의 형성은 수용의 폭을 협소하

---

7 사회의 주류를 이루는 지배적 문화에 적극적으로 도전하고 반대하는 부차적 문화.

게 한다. 진폭이 좁은 것까지 '자유'라고 표현하는 것을 인정하기는 어렵다.

생리적 감각이나 리듬, 템포 같은 단어들은 신체에 직접적인 영향을 끼치는 개념이기 때문에, 평생 바꾸기 힘들 것으로 생각하는 경향이 있다. 그러나 실제로는 그런 부분도 얼마든지 변형할 수 있고 폭도 넓혀나갈 수 있는 속성을 가졌다.

귀에 익숙하지 않은 리듬이나 템포의 곡을 처음 들었을 때는 낯선 위화감이 먼저 든다. 하지만 몇 번 반복해서 듣다 보면 자신도 모르는 사이에 그 리듬과 템포를 몸이 받아들이게 되는 경험을 해본 적 있을 것이다. 더 나아가 적극적으로 그 곡의 리듬과 템포를 즐기게 되면, 자신의 몸속에 해당 리듬이나 템포가 하나의 기술로 자리 잡는다. 물론 근본적인 취향까지는 변하지 않을지도 모른다. 하지만 다양한 것을 경험할 수 있고, 자신 안에 다채로운 요소가 자리 잡게 된다면 그것이야말로 진정한 '자유'에 더욱 가까워지는 것이다.

책을 읽는 행위는 사고와 행동의 폭을 넓히는 데 매우 유효한 훈련법이기도 하다. 책의 기본적인 취지는, 독자로

하여금 저자가 담아둔 생각의 흐름에 몸을 맡기고 편안하게 따라오게 하는 것이다. 다시 말해서 '적극적 수동성'의 마음가짐이 독서의 기본이다. 물론 자신의 사상과 상황에 맞는 부분만 발췌해서 읽는 방법도 허용되어야 하지만, 독서의 진정한 묘미는 저자의 세계로 자연스럽게 이끌려 들어가 머릿속에서 그 세계를 만끽하는 데에 있다.

사실 독서의 효용이란, 머릿속으로 즐기는 데에 머무르지 않는다. 문장을 타고 전해지는 저자의 신체 감각, 그리고 문체에서 느껴지는 생생한 리듬과 템포 등 신체적 특성과 관계된 요소들이 독자인 나의 몸에 그대로 전해져 울림을 주는 것이다. 그 울림은 처음부터 편안한 수준일 수도 있고, 때로는 위화감을 동반하는 낯선 수준일 수도 있다.

시간을 두고 책 한 권과 마주하게 되면 우리는 그동안 신체적 차원에서도 영향을 받는다. 물론 단순한 정보를 취득하는 목적이라면, 신체와 무관하게 읽어 내려가는 일도 필요하다. 하지만 책을 읽는다는 행위가 자신의 신체적 특성과 스타일의 폭을 넓히기 위한 효과적 훈련법 중 하나라는 점을 깨닫는다면, 가볍게 여길 수만은 없는 가치를 발견하게 될 것이다.

나는 번역 작업을 잠시 경험해 보았다. 번역이라는 작업은 우리가 일반적으로 생각하는 독서와 달리 좋든 싫든 원작자의 사고에 순응해야 한다. 단순히 내용만 파악하는 데서 그치는 것이 아니라, 한 번쯤은 작가의 사고방식에 동화해야 하는 작업이다. 저자의 사고가 자신에게로 도저히 이식되지 않는다면, 번역은 대단히 고통스러운 작업으로 끝나고 만다.

무라카미 하루키는 레이몬드 카버(Raymond Carver)[8]의 팬으로, 그의 작품을 일본어로 번역하여 출간한 유명한 번역가이기도 하다. 그에게는 번역이라는 작업 또한 자신을 성장하게 하는 하나의 훈련이 되었다. 하루키는 "가로쓰기로 되어 있는 영문을 세로쓰기인 일본어로 옮기면서, 내가 변하고 있다는 느낌을 매우 강하게 받았습니다."라고 말했다. 작가로서 무언가를 배우며 역동적인 쾌감을

---

8 미국의 신사실주의 소설가이자 시인. '헤밍웨이 이후 가장 영향력 있는 소설가', '일상어로 작품을 쓰는 데 성공한 작가'로 불린다. 단순하고 적확한 문체로 삶의 불안감과 희망을 노래했다. 대표작으로는《사랑을 말할 때 우리가 이야기하는 것》등이 있다.

맛보게 된 작업이 곧 번역이었다는 이야기다. 극히 사실주의적인 레이몬드 카버의 작품을 번역한다는 것은, 스산하고 끈적거리는 풍토의 일본 소설에서 자신을 해방하기 위한 그만의 처절한 몸부림이기도 했다.

초기 무라카미 하루키의 문체는 다분히 번역풍이라는 평을 받았다. 영어 원서를 읽는 것과 번역을 하는 것이 하나의 문체(스타일) 형성에 구체적인 트레이닝이 되었던 것이리라. "나는 생리적으로나 감각적으로, 그리고 리듬까지 전혀 다른 영어 문장을 일본어로 바꾸어 가면서, 내 속에 무언가를 만들어내는 느낌을 받았습니다." 이 말에는 생리, 리듬, 감각처럼 신체와 관련되어 좀처럼 바꾸기 어렵다고 생각하는 요소들에 대해 적극적인 접근을 시도했던 하루키의 의식이 잘 드러나 있다.

모든 것을 교차한다는 것에 대하여

신체적인 차원에서 자신의 스타일을 다듬어 나간다. 이것은 본격적인 스타일을 형성하는 방법이다. 무라카미 하루키는 이른바 전략을 자각하고 있다. "끊임없이 달리며 열여섯 번이나 마라톤 풀코스를 완주하고 나면 문체도 바뀔까요?"라는 질문에 그는 이렇게 대답했다.

"당연히 변합니다. 몸매도 바뀌고 달리는 폼도 바뀌고 문체도 달라져요. 물론 식생활도 달라지죠. 모든 것이 변합니다. 그건 당연한 이치예요. 예를 들면 호흡법의 경우도 그렇습니다. 한참을 달리면 호흡 패턴과 리듬이 자연스럽게 달라져요. 숨이 길어지는 거죠. 그렇게 되면 문장 호흡도 길어집니다. 대개 한 사람이 10년 동안 하는 일이라는 것은 모두 비슷해요. 달리기도 마찬가지죠. 식사도, 글을 쓰는 것도. 그런 것들 모두가 연관되어 있어요. 달릴 때 쓸데없이 힘을 너무 써버리면 금방 숨이 차요. 그 사실을 알고 나면 글을 쓸 때도 불필요한 에너지 낭비는 자제하게 됩니다. 《바람의 노래를 들어라》의 문체와 《태엽 감는 새》의 문체를 비교해 보면 확실하게 느낄 수 있을 거예요. 확실히 후자가 호흡이 길어져 있죠. 그리고 신축성도 상당히 좋아졌습니다. 예전에는 뚝뚝 끊어졌는데, 요즘은 일종의 점성 같은 것이 생긴 느낌입니다. 그것은 내 호흡법과 마찬가지로 20년 전과 지금과는 전혀 다른 것이죠."

달리기와 식사와 글쓰기. 그 모든 것들이 '크로스'해 있다는 사고방식이 있으면, 실제로 그것들이 가지는 연관성 이상으로 숙달을 촉진하게 된다.

달리기라는 운동이 그저 건강 유지라는 목적으로만 한정되어 하나의 독립적인 활동에 그친다면, 문장 스타일의 숙달로는 이어지지 않는다. 달리기를 하면 반드시 문장의 호흡도 길어진다는 보증은 없다. 달리는 것이 글쓰기에 엄청난 영향을 끼친다고 생각하는 사람이 있다면, 그 사람이 달린다는 것과 글을 쓴다는 것 사이에 공통하는 과제 의식을 갖고 있기 때문이리라.

적어도 달릴 때의 과제 의식이나 실제 변화를 글쓰기에 응용하는 습관을 들여놓으면, 그 영향 관계는 어마어마해진다. 스트레칭을 하거나 근육을 단련할 때도 해당 근육에 의식의 초점을 맞추는지 그렇지 않은지에 따라 효과는 크게 달라진다. 그와 마찬가지로 '달리기'와 '식사', '글쓰기' 사이에 일관된 변형 작용(스타일)을 인식하는 것, 그러한 스타일을 추구하는 것 자체가 이러한 상호교차 관계의 영향성을 증폭시킨다.

물론 이러한 영향 관계는 생각에만 국한하는 차원의

것이 아니다. 실제로 호흡 패턴과 리듬이 변하면 다른 행동 양식에 그 영향이 나타나는 일이 적지 않다. 호흡은 모든 행동의 기반이 된다. 호흡 템포가 행동 템포를 규정한다. 호흡이 짧고 얕아질수록 점성이 강한 사고는 어려워진다. 반면에 평소 숨을 강하고 길게 쉬도록 훈련하면, 사고 또한 강한 점성을 띤다. 문장을 짧게 하거나 길게 이어가는 작업도 자유자재로 다루기 쉬워진다. 신축이 자유자재로 되는 부드러움이 바로 진정한 자유다. 그리고 그 자유의 기반에는 호흡의 부드러움과 강인함이 존재한다.

호흡이 문체의 리듬이나 템포의 기반을 이룬다는 사실을, 자기 호흡법의 단련과 문체 변화와의 관계로 이토록 명확하게 설명한 예는 극히 드물다. 무라카미 하루키는 단순히 호흡과 문체(스타일)가 대응하고 있다는 사실뿐 아니라, 운동을 통해 호흡법을 체득하고 자기 일의 스타일까지 연마하고 있음을 밝히고 있다. 이렇게 명확한 방법론을 실천한다는 점에서, 그의 행동 방식은 소설을 쓰는 행위에 머무르지 않고 폭넓은 영역까지 응용할 수 있는 방식인 것이다. 거기에는 영역을 초월하여 스타일을 창출해 가겠다는 강력한 의지가, 숙달의 방법론으로서 기능하고 있기 때문이리라.

리듬이 몸에 스미게 하라

———————————

하루키가 달리기를 습관화하기 이전의 작품인 《바람의 노래를 들어라》는 점성 없이 건조하고 짧은 문체로 쓰였다. 지금의 문체가 달리기를 통해 만들어진 문체라고 한다면, 그 짧은 문체는 어디에서 온 것이냐는 물음에 그는 이렇게 대답했다.

"그건 분명히 재즈에서 왔을 겁니다. 당시에는 음악의 도움을 많이 받았어요. 그즈음 재즈 카페를 운영하고 있었기 때문에, 아침부터 밤까지 볼륨을 크게 올리고 종일 재즈에 취해서 살았죠. 4비트, 8비트, 16비트, 리듬 전부가 몸에 스며들 정도였어요. 아마 그 느낌을 유용해서 문장을 썼던 것 같습니다. 그 시절의 음악들은 지금까지도 내 속에 스며 있어 가끔 꺼내 사용하곤 해요. 음악의 리듬이 완전히 몸속에 스며든 것이죠. (중략) 글을 써놓고는 '오오, 이 문체는 엘빈 존스(미국의 재즈 드러머)인데.' '이건 토니 윌리암스(미국의 재즈 드러머)야.' 하면서 말이죠. 말하자면 글도 사람과 같거든요."

음악을 '유용'해서 글을 쓴다. 이 '유용'이라는 표현이 참 재미있다. 음악을 듣는 것과 글을 쓰는 일 사이에는 직접적인 연관이 없다. 그 두 가지를 서로 이어주는 것이 있다면 그것은 리듬뿐이다. 평상시에는 다른 카테고리로 분류되는 활동을, 몸에 스며든 리듬감이 이어주고 있는 것이다.

하루 종일 큰 소리로 재즈를 듣는 활동을 통해 그 리듬이 몸에 스며들어 하나의 기술로 자리 잡게 되었다. 몸에 녹아든 리듬이 글을 쓰는 중에 자연스럽게 우러나오는 일도 물론 있으리라. 하지만 자연스럽게 흘러나오는 리듬을 '유용'하여 기술로 증폭시킨 부분에서 그의 재치와 확고한 과제 의식을 엿볼 수 있다.

무라카미 하루키는 《노르웨이의 숲》의 '후기'에서 비틀즈의 〈Sgt. Pepper's Lonely Hearts Club Band〉라는 앨범을 무려 백이십 번 이상 반복해서 들으며 글을 썼다고 술회했다. 그는 음악을 들으며 기분 전환을 하는 수준이 아니라, 그 음악의 리듬을 몸에 스미게 하여 스며든 리듬을 동력 삼아 문장의 스타일을 만든다.

여기에서 핵심은, 리듬을 몸에 충분히 스미게 한다는 점이다. 일을 하다 보면 엄청난 몰입감에 몸을 맡기는 경우가 있다. 일이 잘 풀리거나 중요한 요령을 터득했을 때의 감각을 되짚어 보면, 자기 몸의 리듬과 템포가 그 일에 최적인 리듬과 템포와 딱 맞아떨어지는 순간이라는 점을 깨달을 수 있다. 신체의 리듬과 일의 리듬이 정확하게 부합하는 그곳에 숙달의 비결이 있다.

일의 성질에 따라 필요한 리듬이나 템포도 달라진다. 소설가도 마찬가지다. 같은 사람이라도, 앞으로 쓰려고 하는 소설이 어떤 성질의 것인지, 어떤 스타일의 소설인지에 따라 몸에 스며드는 음악에 어울리는 리듬도 변하기 마련이다. 장르를 초월한 숙달의 보편적 논리가 있다고 한다면, 그 가운데 하나가 바로 신체 리듬이다. 좀 더 정확하게 말하면 신체 리듬과 일의 리듬을 일치시켜 나가는 기술이다.

동양의 전통, 호흡법

음악이든 달리기든 반복해서 그 리듬을 몸에 스미게 만들어 그것을 글쓰기에 활용한다는 점은 공통적이다. 그러나 음악 감상과 달리기 사이에 존재하는 질적인 차이, 수준의 차이를 하루키는 명확히 인식하고 있다.

"다만, 음악을 유용해서 글을 쓴다는 것에는 아무래도 한계가 있더군요. 무엇보다 긴 글을 쓸 때는 무리가 오더라고요. 《바람의 노래를 들어라》같이 짧은 글이면 리듬 한 번 타는 정도로 마칠 수 있지만, 내용이 더 길어지면 가슴속에 스며드는 무언가가 더 필요합니다. 내 속에서 끓어오르는 그 무엇이 말이죠."

앞서 이야기했듯이, 그는 달리기를 시작하면서 가장 크게 달라진 점으로 '호흡법'을 들고 있다. 호흡은 신체 템포와 주변 세계 또는 일의 템포를 완벽하게 조율해 주는 가장 효과적인 방법이다. 달리다 보면 숨이 강하면서도 부드러워진다. 그리고 뱃속에서 만들어진 깊은숨이 몸에 스며든다.

평상시의 호흡이 변한다는 것은 신체가 근본적으로

변화하는 것, 곧 향상된다는 뜻이다. 음악을 들으며 리듬을 몸에 새기는 것과는 다른 차원의 근본적인 변화가, 호흡법의 변화에 의해 일어난다. '유용' 정도로는 도저히 닿을 수 없는 깊이까지 호흡법을 통해 파고들어 가는 것이다.

리듬과 호흡법은 각 생활 속에 깊이 관계하고 있으며, 다양한 활동의 기조를 이루고 있다. 이점에 대해 무라카미 하루키는 다음과 같이 이야기한다.

"음악을 하는 사람의 글은 모두 리듬감이 좋아요. 그리고 화가가 쓴 글에서는 아름다운 풍경이 느껴지기도 하죠. (중략) 이렇듯 저마다의 리듬과 호흡법이 있습니다. 그렇기 때문에 문체 속에는 각자의 생활이 자연스럽게 묻어나기 마련입니다. 자기 생활에서 벗어나 다른 사람을 흉내내려고 해도 불가능한 이유가 바로 그것입니다. (중략) 중요한 점은 문체의 고동이라고 생각해요. 영어로는 'throb'이라고 하는데요, 쿵쿵 고동치는 심장의 리듬, 거기에서 울리는 마술적인 진동에서 독자는 소설에 이끌려 들어가는 것입니다."

소설을 읽는다고 하는 언어적, 지적 행위에도 호흡이나 고동과 같은 기본적 신체 리듬과 템포가 작용한다. 독자의 신체가 작가의 신체에 동조하기도 하고 호응하기도 하는 것이다. 신체와 신체 사이에서 일어나는, 이러한 리듬과 템포를 둘러싼 커뮤니케이션이야말로 세계를 공유해 나가는 데 효과적인 방법이다. 신체가 가진 리듬과 호흡법은 그 사람의 기본적인 스타일을 만든다. 우리는 자기 신체를 통해 다른 사람의 신체와 스타일을 맛볼 수 있는 것이다.

전혀 다른 성질의 활동이라도 자기 신체만큼은 공통이다. 신체의 기본적 특성과 호흡법은 이렇게 모든 활동에서 나타난다. 단순한 '호흡'이 아니라 '호흡법'이라고 표현하는 데서 알 수 있듯, 호흡을 하나의 기술로 다루는 것은 동양의 전통적인 방법론적 관점이다.

신체적 특성을 공통 기반으로 하여, 자신이 하는 모든 활동을 상호 연계함으로써 숙달의 원리를 생활 전반에 연동시킨다. 이것이 기술로 자리 잡으면 모든 활동이 상승작용을 일으키고, 나아가 쾌적하게 생활할 수 있게 된다. 물론 일의 특성이나 종류에 따라서는 도저히 연동시킬 수 없는 경우도 있을 것이다. 하지만 호흡을 축으로 한 신체 리듬과 템포를 일에 적용해 나가려는 노력은 절대 헛되지 않다. '길고 강한 호흡'은 아마도 어떤 일에든 꼭 필요할 것이다. 호흡법이야말로 여러 활동을 하나로 연결하는 핵심이며, 숙달의 비결 중의 비결이리라.

에필로그

먼저, 내가 왜 이렇게까지 숙달의 보편적 원리에 매달리는지 이야기하고 싶다. 그것은 아마도 에너지와 관련한 과제 의식 때문일 것이다.

숙달의 요령을 터득하지 못한 채 밤낮없이 일에 매달리며 골머리만 앓는 사람들이 적지 않다. 울컥 짜증이 솟구치거나 욱하며 분노를 조절하지 못하는 증상들은 사실 과잉 에너지를 적절히 처리하지 못하는 데서 기인한다. 에너지 문제라는 것은 일반적으로 에너지원을 어떻게 조달할 것인지를 주요 테마로 삼는다.

그러나 여기서는 인간의 에너지를 조달 측면이 아닌 연소 측면, 즉 에너지를 어떻게 써야 하는지에 초점을 맞추어 이야기해 보고자 한다. 우리는 생각보다 훨씬 많은 양의 에너지를 지니고 있다. 완전히 방전되었다고 느끼다가도 자신이 좋아하는 일이 생기면, 또 다른 에너지원이 열리며 언제 그랬냐는 듯 힘차게 움직인다. 그렇다면, 몸과 마음을 균형 있게 사용하는 데 효과적인 방법이 없을까. 나는 이 문제야말로 인생을 살아가면서 해결해야 할 중요한 과제 가운데 하나라고 생각한다.

철저하게 지칠 수 있으면 제대로 잠들 수 있다. 제대로 자면 개운하게 깨어날 수 있다. 깨어나서 활동하는 동안 심신의 에너지를 확실하게 연소할 수 있다면 모든 순환이 원활해진다. 반면에 뇌만 지쳐 있다거나 몸의 특정 부위에만 피로가 쌓이는 등의 불균형 상태에서는, 몸과 마음의 에너지도 균형이 무너지고 만다. 애매하게 남아도는 '에너지'는 우리의 마음과 정신을 불안정하게 만든다.

《예기》에 보면 "소인은, 가난한 때에는 나약하지만 부유하게 되면 교만해진다."는 말이 나온다. 그릇이 작은 평범한 사람은 여유가 조금 생기면 과욕을 부리다 오히려 좋지 않은 일을 범한다는 것이다. 나는 왠지 예전부터 이 이야기가 마음에 남았다. 내 삶을 돌아보더라도 옛 어른들

304

의 말씀은 틀린 것이 없구나 하며 통감하게 된다. "군자는 위험한 곳에 가까이 가지 않는다."라는 말 이상으로 함축하는 바가 깊고 유머러스한 표현이라고 생각한다.

어째서 소인들은 여유가 생길수록 교만해지는 것일까. 그것은 잉여 에너지를 제대로 사용하는 방법을 모르기 때문이다. 정신없이 바쁠 때는 자신의 에너지에 별다른 의식을 갖지 않아도, 에너지를 충분히 연소할 수 있다. 그러다가 갑자기 여유가 생기면 연소하는 에너지양이 줄어들면서 쌓이기 시작한다. 자신도 미처 깨닫지 못하는 사이 에너지가 엄청난 양으로 쌓여, 본인은 안절부절못하기 시작한다. 그 불안과 번민으로 지친 몸과 마음을 어떻게 다루면 좋을지에 대한 자각적 의식이 자리 잡았을 리도 없다.

게다가 갑자기 생긴 여유에 마음도 해이해진다. 여유가 생기면 그 여유를 점잖게 즐겨도 좋으련만 그것이 바로 소인의 슬픔, 태연자약하게 지내는 법을 모르니 가만히 있지를 못하고 계속 움직인다. 뚜렷한 목적의식을 갖고 움직이는 것이 아니라, 본능적으로 튀어 나가기 때문에 결과적으로 악행으로 이어지는 일이 생기는 것이다.

무엇이 선이고 무엇이 악인지를 가리는 것은 차치하고라도, 이 이야기가 주는 교훈은 '에너지의 완전한 연소'는 우리 모두에게 중요한 문제이며, 그 연소 방법에는 지혜가 필요하다는 점이다. 가볍게 걷는 것만으로도 잉여 에너지를 완전히 연소하고, 몸과 마음을 골고루 지치게 만들 수 있다. 신체 에너지와 관련된 각종 사회 문제의 해결은, 과잉된 에너지를 철저하게 연소하는 것의 중요성을 인식하는 데서 출발한다.

내가 고령자들을 대상으로 한 세미나를 담당하면서 경험한 바에 비추어 보면, 노인들 대부분은 에너지 부족으로 고민하면서도 반면에 에너지를 발산할 기회가 마땅치 않다는 점에 어려움을 느끼고 있었다. 즉, 아무리 고령자들이라고 해도 그들이 진정 고민스러워하는 문제 역시 에너지를 어떻게 연소하느냐 하는 것이다. 이렇게 사람들과 이야기를 주고받는 것도 훌륭한 에너지 연소법 가운데 하나다.

기분 좋게 피곤한 감각. 이 감각은 우리 인간이 살아 있다는 느낌과 함께 안정감을 준다. 다소 이상하게 들릴지 모르지만, 나는 언젠가 죽는 날이 왔을 때, 이 기분 좋은 피곤한 감각 속에서 죽고 싶다. 에너지가 여전히 남아 있는 상태에서 죽음을 맞이한다는 것은 고통이다. 그렇다고 해서 허무감에 젖어 생을 마감하는 것도 절대 바람직하지는 않다. 자기 생에 주어진 에너지를 완벽하게 고갈시키고, 심신에 기분 좋은 피로감이 나른하게 퍼지는 상태라면, 죽음조차 편안한 마음으로 맞을 수 있을 것 같다.

죽음까지 이야기하는 것은 다소 유난스러운 감이 있지만, 죽음을 잠으로 바꾸어 생각해 봐도 좋을 것이다. 하루 동안에 소비해야 할 에너지를 완전히 연소하지 못한 채 잠드는 것은 고통스럽다. 확실하게 에너지가 바닥난 상태라면 피곤함에 젖어 자연스럽게 의식이 흐릿해지며 곯아떨어진다. 그러나 잠들면 이대로 두 번 다시 눈뜨지 못할지도 모른다는 불안감을 가진 채 잠자리에 들면 두려움에 잠들기가 어렵다. 마치 죽음을 준비하는 의식을 치르듯 조심스럽게 눈을 감을 수밖에 없다.

편안한 마음으로 잠들 수 있는 가장 좋은 조건은 심신에 나른하게 전해지는 피로감이다. 기분 좋은 피로감을 유발하는 생활 루틴을 만들고, 그 루틴을 하나의 기술로 발전시킬 수 있다면 인생의 기본기를 이미 획득한 것과 같다. 물론 잠드는 것을 죽음에 비유하는 것은 다소 억지스러운 감이 있지만, 잠들 듯 죽음을 맞이하고 싶다는 소망은 자연스러운 것이 아닐까.

그렇다면 인간의 에너지 문제를 해결할 수 있는 비책은 무엇일까. 나는 무엇보다 '숙달'이 효과적인 해결책 중 하나라고 생각한다. 단편적으로, 숙달은 상당한 양의 에너지를 소비하게 만든다. 스포츠를 하든 예술 활동이나 공부를 하든, 일정 수준으로 숙달하려면 상당한 양의 에너지를 소비해야 한다. 물론 숙달에 이르지 못했어도 반복적인 활동에 에너지를 소모하면 피로감을 얻을 수 있지만, 그것으로는 충만함을 느낄 수 없다. 넘치는 에너지를 말끔하게 연소하고 충만한 피로감을 얻고 싶다면, 숙달에 이르고 말겠다는 의지가 확실한 지름길이 될 것이다.

나는 스포츠를 상당히 좋아하는데, 숙달에 이르는 데 걸리는 시간과 거기에 소모하는 에너지의 양은 실로 어마어마하다. 한창 에너지가 넘치던 고등학교 시절에는 학교 수업 시작 전에 연습하고, 쉬는 시간에 도시락을 서둘러 비우고는 점심시간에 다시 운동장으로 나갔다. 그리고 방과 후에는 해가 저물도록 전체 연습을 하는 것도 모자라 한밤중에 빈 스윙 연습까지 하고서야 집에 가 잠이 들었다. 그렇게 불태우던 에너지가 내 속에 쌓였더라면 어떻게 되었을지, 생각만으로도 공포스럽다. 그만큼 스포츠에 숙달하는 과정은 막대한 양의 에너지를 연소시켜 주었다. 실제로 운동을 갑자기 그만두고 나서는 기다렸다는 듯 노이로제가 찾아왔다.

숙달의 진정한 즐거움은 '자신만의 기술'을 몸에 배게 할 수 있다는 점이다. 처음에는 나와 전혀 인연이 없을 것 같던 기술이 연습을 통해 서서히 자신에게 스며들어와, 결국에는 나와 떼려야 뗄 수 없는 관계가 된다. 이러한 일련의 과정은, 나라는 인간을 충실하게 해준다. 최근 들어 '있는 그대로의 나 자신'을 존중하는 경향이 있기는 하지만, 태어날 때 존재한 그대로의 나보다 기술을 몸에 익힌 나 자신을 존중하는 편이 더 행복하지 않겠는가.

무슨 일이든 막대한 에너지를 쏟아부으며 숙달을 이뤄낸 체험은, 자신 속에 '근거'로 자리 잡는다. 이때 얻은 기술 자체를 이후 다른 영역에서 응용하는 일도 충분히 가능하다.

테니스에서 백핸드 발리 기술을 익힌 요령을 일상생

활에 응용한다는 것은 상상하기 어렵지만, 숙달의 보편적 원리라면 응용하기 쉽다. 그 원리를 응용하는 요령을 손에 넣었다면, 에너지를 쏟아내고 얻은 숙달의 경험은 일종의 '근거'로 작용하게 된다. 이는 다른 활동을 할 때 용기와 자신감의 원천이 되며, 구체적인 전략과 연습 스케줄을 세우는 데 중요한 지침이 된다. 나아가 미지의 영역에 대한 불필요한 두려움도 줄어들 뿐 아니라, 반복 연습하는 노력도 게을리하지 않게 된다.

우리는 평소, 자신이 가장 숙달했던 체험을 근거로 다른 영역에서의 활동을 유추하여 파악하려는 무의식적 습성이 있다. 일반적으로는 자신이 지금 유추하고 있다는 사실조차 의식하지 못한다. 그만큼 명확한 콘셉트로 두 개념을 연계해 나가기란 생각보다 어렵다. '근성, 노력, 연습, 희망, 신념'이라는 단어들은, 물론 심리적으로 볼 때는 의미가 있는 말들이지만, 너무나 막연하기 때문에 원리를 응용하는 차원까지는 이르지 못한다.

이 책에서 제시한 세 가지 힘과 스타일이라는 개념은, 엄청난 양의 에너지가 필요한 활동을 단순한 추억거리나 무용담쯤으로 묻어두지 않고 '자신감의 근거가 되는 숙달

체험'으로 바꾸는 데 필수적인 요소다. 제시한 콘셉트 중에는 내가 임의로 만들어 낸 단어도 많지만, 결코 현학적인 의도는 없다. 지나치게 구체적이지도 않고 과하게 추상적이지도 않은, 손쉽게 체험 원리를 응용하는 데 도움이 되는 개념을 선택했다.

추진하는 힘이나 훔치는 힘, 혹은 스타일이라는 말을 사용하는 것만으로도, 자기 안에 묻혀 있던 숙달의 체험이 광맥이 터져 나오듯 솟구쳐 오를 것이다. 그리고 그 체험이 삶의 충만함을 지탱해 줄 것이다. 그것이 바로 이 책을 관통하는 나의 간절한 바람이다.

저자 후기

담당 편집자와 카페에서 이야기를 나누는 중에 이 책의 제목이 떠올랐다. 원래 생각해 놓았던 가제는 '숙달의 비결'이었다. 하지만 주변에서는 무엇에 관한 숙달법인지 잘 모르겠다는 의견이 많았다. 나 역시 그 의견에 동의하기는 했지만, 그런 반응이 바로 내가 의도했던 것이기도 했다. 특정 영역에만 해당하는 숙달법이 아니라, 영역과 영역 사이를 '자유롭게 넘나드는' 보편성을 가진 숙달의 비결을 주제로 삼고 싶었다.

우리가 자주 사용하는 말인 '일류'라는 말은 협소한 영역에서의 능력을 가리키는 것이 아니다. 특정의 분야나 기술만이 능숙하다는 의미가 아니라, 좀 더 넓고 포괄적인 범위에서의 응용이 가능한 힘을 뜻하는 것이다.

　지방에서 태어난 내가 도쿄에서 대학 생활을 하면서 가장 인상 깊었던 것은 "그것이 뭐든, 나는 반드시 성공할 것이다. 어떤 일이든 잘할 수 있다."는 강렬한 확신에 찬 사람들이 많다는 사실이었다. 미지의 영역을 마주할 때 나는 분명히 잘할 수 있다는 확신으로 임하는 경우와 불안감을 느끼며 임하는 경우는 결과에서 엄청난 차이를 보인다. 이 말은 근거 없이 자신감만으로 할 수 있는 말이 아니었다. 숙달의 보편적 원리를 터득해 본 경험이 있기 때문에, 그 경험을 근거로 새로운 영역에도 용기를 내어 도전할 수 있는 것이다. '일류'라는 사람들은 바로 그런 '중심'이 명확하게 서 있는 느낌이었다.

　너무 구체적이거나 자세하지 않아도 좋다. 거기서 얻어진 숙달의 경험을 보편화함으로써 다른 영역의 숙달법으로 응용해 나갈 수 있는 것이 '일류'와 그렇지 않은 사람과의 차이라는 점을 깨달았다. 출발 지점에서부터 상급 수준까지의 비전이 분명하게 보이는지, 보이지 않는지에 따라 소비하는 에너지가 완전히 달라진다.

　장거리를 달릴 때도 한 번 달린 길을 다시 달리는 경

우에는, 정신적 에너지 소모량이 처음 달릴 때에 비해 훨씬 적다. 설령 처음 가보는 코스라도 목적지까지의 거리를 계산하여 예측하고 있으면, ○○km를 대략 이 정도 속도로 달리면 되겠다 하는 감이 오기 때문에, 정신적인 피로감도 덜하다.

'일류'란, 이렇듯 거리를 시간과 에너지로 환산하여 예측하는 보편적인 기술로 다양한 분야를 넘나드는 능력을 갖춘 사람이다. 앞에서 말한 여러 갈래의 코스는 '다양한 영역'과 같은 의미이며, 보편적인 거리 환산 능력은 '세 가지 힘'에 해당한다.

앞에서도 말했지만, 나는 스포츠를 좋아한다. 그리고 기본적으로 스포츠나 일, 공부 모두 같은 원리로 해석할 수 있다. 나는 지금까지 스포츠에서 경험한 숙달 체험을 다른 모든 활동의 모델로 삼으며 지내왔다. 공부를 구체적으로 추진하는 것도 일을 계획적으로 추진하는 일도, 운동에서 시합을 앞두고 연습하는 스케줄을 짜는 작업과 똑같이 여겼다. 예를 들어 테니스나 가라테 같은 운동에서 러닝, 빈스윙 연습, 혹은 하체 훈련 등은 무슨 의미가 있는지, 그렇다면 학문 연구에서는 어떤 요소가 이러한 기본기에 해당하는지 고민하고 적용해 보는 습관이 생겼다.

성공 체험에서만이 아니라 실패의 경험에서 얻은 교훈도 영역을 초월하여 활용하고자 노력했다. 공부든 운동이든 전혀 초점이 맞지 않은 연습으로 시간과 노력을 허비했던 경험을 바탕으로, 내가 목표하는 스타일 형성에서 그 연습이 어떤 의미가 있는지 생각하는 습관을 만들었다.

영역을 가리지 않고 숙달을 추구하는 습관은 항상 플러스알파를 낳는다. 즉 새로운 아이디어가 창출되기 쉽다는 말이다. 내가 경험한 바로는, 새로워 보이는 아이디어의 대부분은 전혀 다른 영역의 콘셉트나 기술의 운용, 혹은 아이디어 등에서 싹튼다.

자신이 관련한 영역 안에서 사고하는 것만으로는 아무래도 한계가 있다. 그럴 때는 좀 더 확장된 영역에서의 고민을 훔쳐, 자기 영역의 문맥에 대입해 보는 것이다. 다른 영역의 것이므로 내 영역에 이식하려면 어느 정도 손질이 필요하다. 무조건 가져다 심는 것이 아니라, 자기 관점에서 의견과 문제 제기를 가미하는 것이다. 그렇게 되면 나름의 고유성과 독창성이 가미된 결과물이 탄생한다.

이렇듯 '영역을 가리지 않고 자유롭게 넘나드는 것' 자체가 하나의 기술이다. 기술은 습관들이기 나름이다. 특히 효과적이었던 것은 다른 영역이라도 자기와 비슷한 스타일을 가진 사람들의 기술을 운용하는 것이다. 본문에는 운동선수와 경영인, 소설가, 사진작가 등 다양한 직업군과 분야에서 일류라 불리는 사람들의 이야기를 담았다. 나는 일을 시작하기 전에 다양한 분야에서 정상을 달리고 있는 사람의 에피소드를 가능한 한 많이 접하도록 하고 있다. 그러한 과정에서 구체적인 힌트를 얻기도 하고, 향상을 위한 에너지도 자연스럽게 얻을 수 있다.

'영역을 가리지 않고 자유롭게 넘나드는 것'과 관련하여 재미있는 일이 있었다. 본문에서도 인용했던 경영학의 노나카 이쿠지로 선생으로부터 대기업 부장급을 상대로 한 경영 관리 코스 강의를 의뢰받은 일이 있었다. 노나카 선생과 직접 만난 적은 없지만, 내가 다른 책에서 다룬 '틀'에 관한 이론이 경영을 촉진하기에 유효한 개념이라고 생각하여 강의를 의뢰한 것이라 했다.

틀(형태)은 숙달의 원리를 구체화한 것이다. 틀을 만들면 셀프 체크할 수 있는 기준이 생기며, 자신과의 대화가 가능해진다. 틀은 신체지이며 암묵지의 결정체다. 그리고 그것은 모두에게 공유하는 재산과 같은 형태다. 틀이 있으면, 그와 관계한 사람들이 공통 기반을 통해 의식을 공유하기 쉬워진다. 이러한 틀의 성격이 지금 이 시대까지 경영을 지탱해 온 장점들과 일치한다는 것이었다.

나는 경제나 경영 전문가는 아니지만, 경제가 나아갈 길에는 관심이 상당히 높다. 거창하게 들릴지 모르지만, 사실 이 책도 경제의 미래를 밝히는 데 도움이 되고 싶다는 바람으로 쓴 것이다.

'진정 우리에게 필요한 능력은 무엇인가'라는 근본적인 물음에 정면으로 맞서야 할 때가 오고 있다. 그것은 회사나 학교도 마찬가지다. 이 물음에 대한 대답을 내 나름으로 정리하고 압축한 것이 바로 '세 가지 힘', 즉 훔치는 힘, 추진하는 힘, 요약하는 힘과 '스타일'이라는 개념이다.

내 저서 중에 《욱하는 아이들》이라는 제목의 책이 있다. 제목만 보면 이 책과 전혀 상관이 없는 것 같지만, 내 안에서는 비교적 명확한 연결성이 있다. 일반적으로 사람들은 무엇에 숙달되었다는 충만함을 느끼면, 신경질을 내거나 쉽게 욱하는 일이 적어진다고 믿기 때문이다. 숙달을 동경하면서 그것에 확신을 두고 생활할 때는 에너지 순환이 원활하다. 반면에 답답하게 막혀있던 에너지가 어느 순간 폭발하는 현상이 신경질과 짜증, 분노라고 정의한다면, 숙달의 보편적 원리를 터득한 사람은 이런 백해무익한 감정으로부터 해방될 수 있다.

사람은 의미 없는 일을 강요당할 때 견디기 힘들어한다. 구멍을 파고 다시 메워야 하는 작업이나 삽으로 산을 옮겨 놓고 다시 원위치로 되돌려야 하는 작업을 지시받으면, 기가 막혀서 머리가 이상해질 정도라는 것을 도스토옙스키도 책에서 이야기한 바 있다.[1] 아이들이 학교 공부를 그토록 싫어한다는 것은 거기에 '의미'가 부족하기 때문이리라. 그렇다면 공부라는 것이 한 영역에서만 활용되는 단편적인 활동이 아니라, 다른 영역이나 일과 어떻게 연결되어 가치를 낳는지 설득할 수 있어야 하지 않을까. 영역을 자유롭게 넘나드는 이상을 품으면, 같은 일이라도 의미와 가치가 완전히 달라진다. 내가 이 책을 쓴 이유도 그

---

1 "가장 가혹한 형벌은 전혀 무익하고 무의미한 일을 하게 하는 것이다." — 도스토옙스키, 《죽음의 집》 제2장 '최초의 인상' 중에서

러한 이상을 품게 하는 제안을 하고 싶어서다.

영역을 뛰어넘는 이미지를 형상화하기 위해, 다소 과하다 싶을 정도로 다양한 영역에서 에피소드를 모으고 또 모았다. 《도연초》나 무라카미 하루키 등을 숙달론의 소재로 활용한 것이 무모한 수였을지, 신의 한 수가 될지 모르겠지만, 즐거웠다면 다행이다.

《욱하는 아이들》에 이어 이 책을 집필하며 치쿠마쇼보의 유와라 노리후미 씨에게 많은 도움을 받았다. 이 책은 유와라 씨와 나와의 문제의식이 맞아떨어진 지점에서 탄생했다. 또한 집필에 관련된 다양한 작업은 시마다 교코 씨에게 크게 도움을 받았다. 두 분께 깊은 감사의 마음을 전한다.

2001년 6월 10일

사이토 다카시

옮긴이 정현

대학교와 대학원에서 인문학을 공부했다. 졸업 후 국내 기업에서 근무하며 분야를 넓혔다. 말을 모으고 매개하는 작업에 매력을 느껴 번역가의 길에 들어섰고, 바른번역 전문과정을 거쳐 번역가로 활동 중이다. 옮긴 책으로는 《교양으로 읽는 반도체 상식》, 《바른 회사 생활》, 《R선생님의 간식》 등이 있다.

일류의 조건

초판 1쇄 발행 2024년 03월 20일

지은이 사이토 다카시
옮긴이 정현
펴낸이 김상현

총괄 유재선 **기획편집** 전수현 김승민 **디자인** 이현진
마케팅 김지우 송유경 김은주 김예은 남소현 성정은
경영지원 이관행 김범회 이진숙 이수경

펴낸곳 (주)필름
등록번호 제2019-000002호 **등록일자** 2019년 01월 08일
주소 서울시 마포구 동교로25길 23, 정암빌딩 2층
전화 070-4141-8210 **팩스** 070-7614-8226
이메일 book@feelmgroup.com

필름출판사 '우리의 이야기는 영화다'

우리는 작가의 문체와 색을 온전하게 담아낼 수 있는 방법을 고민하며 책을 펴내고 있습니다. 스쳐가는 일상을 기록하는 당신의 시선 그리고 시선 속 삶의 풍경을 책에 상영하고 싶습니다.
홈페이지 feelmgroup.com **인스타그램** instagram.com/feelmbook

ⓒ 사이토 다카시, 2024

ISBN 979-11-93262-12-2 (03190)